| 台湾研究系列 |

前途

——再论两岸经济关系

刘震涛　江成岩　王建芬　著

九州出版社 JIUZHOUPRESS | 全国百佳图书出版单位

图书在版编目（CIP）数据

前途 : 再论两岸经济关系 / 刘震涛，江成岩，王建芬著.
—北京:九州出版社，2011.12
ISBN 978-7-5108-1345-0

Ⅰ. ①前… Ⅱ. ①刘… ②江… ③王… Ⅲ.
①海峡两岸－经济关系－研究 Ⅳ. ① F127

中国版本图书馆CIP数据核字(2011)第276340号

前途——再论两岸经济关系

作　　者　刘震涛　江成岩　王建芬　著
出版发行　九州出版社
出 版 人　徐尚定
地　　址　北京市西城区阜外大街甲35号（100037）
发行电话　（010）68992190/2/3/5/6
网　　址　www.jiuzhoupress.com
电子信箱　jiuzhou@jiuzhoupress.com
印　　刷　三河市东方印刷有限公司
开　　本　720毫米×1020毫米　16开
印　　张　14
字　　数　148千字
版　　次　2012年5月第1版
印　　次　2012年5月第1次印刷
书　　号　ISBN 978-7-5108-1345-0
定　　价　38.00元

目　录

引言

第一章　涉台机构应运而生，涉台法律、法规相继出台 ……（1）

一、成立“国台办”及各地方台办，台湾工作（事务）有部门专管 ……（1）

二、成立台资企业协会——使台商立身有“家” ……（3）

三、涉台法律、法规相继出台——使保护台商权益有法可依 ……（20）

四、成立台商投诉协调机构——使台商投诉有门 ……（23）

五、关于两岸司法协助 ……（33）

第二章　台资“比照外资”——智慧的创举 ……（35）

一、解决台商、台资定位的法律背景 ……（36）

二、“参照外资”——对台贸易惯例的合理延伸 ……（38）

三、“参照外资”——应对计划经济模式下的务实政策 ……（39）

四、台资“比照外资”的内容分析 ……（40）

第三章　两岸接触商谈机制的形成和发展 ……（42）

一、两岸接触商谈机制的不断创新，关于“海峡两岸经贸协调会” ……（43）

二、“金门协议”——以“红十字会”身份进行的
两岸商谈……………………………………………（44）
三、建立“两会”制度性谈判机制 ………………（50）
四、“两会”商谈的延续和发展——从“汪辜会谈”
到“陈江会谈” ……………………………………（52）
第四章　两岸特色经济合作机制的建立……………（57）
一、建立两岸特色经济合作机制……………………（57）
二、两岸特色经济合作机制的主要内容和特点…………（63）
三、以建构两岸“命运共同体”为战略定位，全面
深化合作关系……………………………………（67）
四、签署 ECFA 是台湾经济利益“最大化”的
根本出路……………………………………………（70）
第五章　两岸经济关系发展中的力量分析……………（81）
一、动力……………………………………………（81）
二、阻力……………………………………………（84）
三、吸力……………………………………………（86）
四、引力……………………………………………（87）
五、助力……………………………………………（88）
六、推力……………………………………………（90）
第六章　两岸经济关系的“被依存”和
“相互依存”性 ……………………………………（93）
一、两岸经济关系中由“单向依存”到两岸
“相互依存” ………………………………………（93）
二、两岸经济相互依存关系的发展 ………………（100）

三、两岸经济相互依存关系逐步由低水平向
高水平发展 …………………………………… (103)
第七章　台资企业的转型升级 ………………………… (117)
一、台资企业转型升级的理论分析 ……………… (118)
二、台资企业转型升级需要认真考虑的几个
重要因素 …………………………………… (122)
三、台资企业转型升级的模式及政府作为 ………… (127)
四、立足转型，着力提升自身竞争力 …………… (132)
第八章　两岸农业合作 ………………………………… (134)
一、两岸农业投资与农产品贸易 ………………… (134)
二、两岸农业交流与合作平台的建设 …………… (144)
三、两岸农业交流与合作的特点和发展趋势 ………… (150)
四、如何改进、提高两岸农业的合作水平 ………… (153)
第九章　制度创新是台资企业生存和发展的关键因素
——昆山调查 …………………………………… (162)
一、昆山创新之动力——产业的不断调整和发展 …… (163)
二、昆山创新之灵魂——服务理念的不断提升 ……… (178)
三、昆山创新之基础——政府和台商的互动机制 …… (183)
四、昆山创新之精神——多元文化的融合 ………… (184)
五、跨界治理：昆山台协参与昆山制度创新的
实例 …………………………………………… (189)
六、小结 ………………………………………… (205)
附录 ………………………………………………… (208)

引　言

二十世纪末直至二十一世纪以来，“两岸经济关系”这个议题备受两岸企业家、学者乃至于世界上有关人士的高度关注，这究竟是为什么？究竟什么是两岸经济关系？两岸经济关系究竟是依靠什么力量发展起来的？它的意义究竟有多大？这一系列的“究竟”应该如何回答？

本书即从两岸经济关系的历史和现状出发，分析三十年来两岸经济交流合作背后的制度设计和安排，阐述发展两岸经济关系的决定性因素是一系列的制度安排的结果，表明制度创新是一种动力机制，制度创新是推动、促进两岸经济关系不断发展的关键，也试图回答上述提出的一系列“究竟”到底是什么。

这是一个创新的时代。社会进步在于创新，世间一切生命体的焕发都在于创新。事实证明，处在特殊政治环境下的两岸经济关系的发展根源也在于创新，而创新的动力源自于两岸人民追求和平与美好生活的强烈愿望，以及对整个中华民族的自强心和伟大复兴的责任感。正是这种崇高的理念，使两岸人民迸发出热情和智慧的力量，台湾广大工商企业界人士焕发出勇气和拼搏精神，从而铸造了从无到有、从不正常到基本正常、从正常化到机制化和制度化一个又一个里程碑，共同开创了崭新的两岸经济关系新局面，创造了现代中国历史的又一个奇迹。

关于本书的书名有人建议用“趋势”，因为两岸经济关系发展之所以不可阻挡是因为“大势所趋”，此意正符合“顺者兴，逆者亡”的道理，应该说是个很好的建议，但考虑此名却又不能完全突显本书的主题，因为本书内容连接了两岸经济关系的过去、现在和未来。也曾想过定名为“命运的抉择”，主要是想说明选择发展两岸经济关系为改善和发展两岸关系的突破口，成为了实现国家最终统一的唯一正确的抉择。两岸关系之所以能够在极其复杂的国际环境和起伏跌宕的两岸关系背景下，进入了和平发展新时期的重大积极转变，是因为两岸经济关系在其中起到了重要的先行作用和发挥了基础性的影响力，但感觉“命运的抉择”这一书名未免又有点“耸人听闻”，故而放弃。

回忆两岸自1949年开始分离，至今已达六十余年。为了中华民族的兴旺发达，大陆于1979年作出了“和平统一”的历史性战略抉择，这是一个关乎民族前途和命运的关键性抉择。为了争取实现和平统一的光明前景，大陆决定从两岸“三通”开始，首先以经济交流和合作为起点。在这个具有重大战略意义决定的导引之下，三十年来，两岸经济关系的发展让两岸人民不仅认识到“台独”没有出路，更重要的是看到了两岸和平、繁荣的希望和前景，以及中华民族美好的前途，这恰恰是对三十年前作出战略决定给予的最好回应。两岸经济关系开辟了两岸和平发展的道路并对两岸关系的前景、对中华民族伟大复兴的前途产生了深远的影响。正是基于这样的分析，我们决定将本书题名定为“前途：再论两岸经济关系”，由此突出本书的主题是两岸经济关系决定了两岸关系的前途，两岸关系的前途又和中华民族的前途紧紧联系在一起，两岸人民必须为这个光辉的前途继续不懈地奋斗，它的重大意义就在于此。本书重点分析两岸经济关系中的“制度创新”，指出它是决定两岸经济关系发展前途的关键因素，沿着这条线索也可以概括性地回答本文一开始提出的几个“究竟”究竟是怎么回事了。我们试图尽最大努力把书写好，为推动两岸经济关系朝着更深入和更高目标发展尽一点绵薄之力。

本书写作过程中，在清华大学台湾研究所胡艳君博士后的协助下，较快完成了“两岸农业合作”这一章。王花蕾博上后则在对本书作初步校核时提出了许多宝贵意见。研究助理张娟同志曾参与本书策划，撰写了“昆山台协会参与政府制度创新（案例）”一节，并为协助出版尽了许多心力。谢天成博士后为第五章增了一幅图表。在写作本书第九章时得到了昆山市政府规划局许振明局长的宝贵指导和帮助。另外，作者曾与所内巫永平教授、李应博副教授、郑振清老师有过共同研究的成果，在本书中的不同章节中被引用。在此不一一列举，一并向以上各位表示诚挚的谢意。

两岸经济关系具有很大的特殊性，它既是一个经济关系，又带有政治关系的浓厚色彩，它既非国际间的经济合作关系，也不同于单纯的国内地区之间的经济合作关系，是尚未统一的主权国家内部的两个极不对称而又相互独立的经济体系之间的关系。因此，把握它，既不能完全放在国际经济贸易体制下去分析，又不能不考虑国际经济贸易体制下的一些基本特征，而是要按照这些复杂内涵去揭示两岸经济合作关系的基本规律和创新发展，这是本书与一般按照经济学理论阐述区域经济合作的不同之处，虽谈不上有什么理论创新，但也些独特之处。

在两岸政治上仍处于分歧，而和平发展已成为两岸关系主轴的背景下，可以肯定，两岸经济关系必然会持续、快速地发展下去，这是不可阻挡的历史潮流，虽然前进道路上仍有困难，但两岸经济关系前途一定光辉灿烂。

刘震涛

2011 年 3 月

第一章　涉台机构应运而生，涉台法律、法规相继出台

两岸关系发展的三十年也是两岸经济合作制度不断创新发展的过程。

一、成立“国台办”及各地方台办，台湾工作（事务）有部门专管

1987 年 11 月，蒋经国先生宣布开放台湾民众赴大陆探亲，一时间，回乡探亲的台湾民众潮水般地涌向大陆，两岸亲人隔海相望几十载的历史宣告终结。据台湾有关部门统计，仅 1988 年 1 月 6 日这一天，就有四千多位台湾同胞办理了赴大陆探亲的手续。从 1987 年至 1997 年，台湾民众来大陆探亲、旅游、经商、求学等累计超过 4580 万人次。返乡探亲的台湾同胞，带着惶恐不安的心情回到了大陆。环境的陌生，思想观念的差异，以及历史与现实的变迁等等，都会给众多台胞带来烦恼和不便。为了解除回乡探亲台胞的顾虑，为他们创造一个既安全、可亲又顺畅、便捷的服务环境，大陆各地迅速成立了“台湾同胞接待站”。在各级政府的领导下，“台湾同胞接待站”为台湾同胞提供查询亲友、引导交

通、联系观光旅游等一系列衣食住行类的接待服务工作。与此同时，在大量接待工作中，又衍生了许多的事务性工作，如财产、亲族关系的处理，以及协助其在大陆的投资考察及创业活动等。随着接待工作的发展，接待对象及方式和内容变得愈加多样，政策性也越来越强，涉及各个业务部门的事情也越来越多。显然，一个台胞接待站已无法应对这种复杂局面。在这种情况下，根据两岸同胞相互交流交往的实际需要，1988 年中，国务院台湾事务办公室（以下简称“国台办”）正式挂牌成立。紧接着，各省（直辖市、自治区）地方各级台湾事务办公室也相继成立（以下简称“地方台办”）。至此，大陆各级台办在同级党委、政府领导下，按照“组织、指导、管理、协调”的八字方针主管台湾工作和涉台事务。第一任国台办主任由时任中央政治局候补委员、国家计划委员会第一副主任丁关根先生担任。

国台办的主要职责是：

研究、拟订对台工作方针政策；贯彻执行党中央、国务院确定的对台工作的方针政策。

组织、指导、管理、协调国务院各部门和各省、自治区、直辖市的对台工作；检查了解各地区、各部门贯彻执行党中央、国务院对台方针政策情况。

研究台湾形势和两岸关系发展动向；协调有关部门研究、草拟涉台的法律、法规，统筹协调涉台法律事务。

按照国务院的部署和授权，负责同台湾当局及其授权的社会团体谈判及签署协议文件的有关准备工作。

管理协调两岸通邮、通航、通商事务；负责对台宣传、教育工作和有关台湾工作的新闻发布；处理涉台的重大事件。

会同有关部门统筹协调和指导对台经贸工作和两岸金融、文化、学术、体育、科技、卫生等各个领域的交流与合作，以及两岸人员往来、考察、研讨等工作，国际会议的涉台工作。

完成国务院交办的其它任务。①

国台办的成立，是两岸关系发展中具有里程碑意义的大事。从此对台工作揭开了神秘的面纱，将一度鲜为人知的涉台事务处理由秘密转向公开，一系列涉台政策逐渐清晰而为大众所知，原来由个别部门介入的特殊工作转入众多机关部门共同参与的公共事务，从此结束了台湾事务工作一事一议、一件一办的工作状态，开创了一个规范而又系统的工作机制和运作环境，对台工作自此进入了一个全新的历史阶段。1990 年底，中共中央台湾工作办公室（简称“中台办”）和国务院台湾事务办公室正式合并，组成“一套人马、两块牌子”归属中共中央编制系列的机构，由王兆国先生担任合并后的第一任主任。

二、成立台资企业协会——使台商立身有“家”

国务院于 1988 年 6 月 25 日公布的《关于鼓励台湾同胞投资规定》（简称“22 条”）第十八条规定：“在台湾同胞投资企业集中的地区，台湾投资者可以向当地人民政府申请成立‘台商协

① 资料来源：国台办网站，www. gwytb. gov. cn。

会’。”1990－1991年间，北京、深圳等地台商自愿组织起来，首先向当地台办提出了成立“台商协会”的申请。此事立即引起了中央各部门和有关地方的重视。国台办在认真听取各方面意见后认为：一方面，台商要求成立协会是根据国务院公布的“22条”中的第十八条规定，应该是有法源基础，应予以支持。但另一方面又觉得“22条”其中第十八条“规定”讲得十分原则，对诸如“协会”的性质和功能究竟是什么？“协会”的章程应包括哪些内容？会员的权利和义务是什么？协会领导人应具备什么条件？协会由政府的哪个部门审核批准？尤其是当时由台湾直接进入大陆的台商并不多，大部分台商是从第三地间接进入大陆的，因而，台商的身份事实上都是由台商自己认定的，因此就连“协会”的主体台商身份如何界定也拿不准，这就给台商协会成立之初在操作层面上确实带来了很大的困难。台办对如何处理上述诸多问题没有经验，而这涉及一群台商在大陆成立一个永久性组织、公开从事有组织的活动，而这些活动跟台商和台湾企业的特点密切相关，所以台办非常慎重。

面对这一系列问题，台办首先认真了解了台商的想法，就他们在台湾的习惯做法和大陆的有关规定作了坦诚的沟通。国务院领导亲自主持会议，和有关部门一起研商，最终确定了成立“协会”的几条指导性原则：

关于对台商的界定问题，考虑到由于两岸没有实现“三通”，台湾当局又极力限制台商来大陆投资，致使台商只得绕道第三地间接来大陆投资，这是不得已而为之的一种必然选择。因此确定，无论从哪里来的台湾地区人民，只要是在大陆投资的，都可以被认为是台商，都可以参加台商协会；

确定“台商协会”的业务主管部门为当地台办；

台商协会属社会团体，应由民政部门负责审批，但在送审程序上要比照“外商协会”的办法。即，拟成立的“台商协会”首先要向当地外经贸部门提出申请①，经外经贸部门对其企业资格等作初步审核后送当地台办对有关协会领导人等作进一步审批，此项审批通过后再送当地民政部门按相关规定核发社团登记证照。

“台商协会”的成立必须要有一定数量的台商为基础，所以决定“台商协会”的设立先从台资企业在一百家左右的“地级市”开始。另外，考虑到“台商协会”主要是为当地台资企业服务，属地方性民间社团组织，没有必要成立跨地区的协会，但直辖市和海南省因地域面积小，为工作方便而划为例外。

“台商协会”的主要功能是交流、培训、沟通和联谊，即开展台资企业之间在经营管理方面的交流和组织其他经贸交流活动；协助台资企业开展培训工作，以及和当地政府沟通；可以邀请有关领导、专家担任顾问，增加台商对政策和政府有关规定的了解；组织台商开展联谊活动，丰富台商及其家属的业余生活，以及组织其他公益活动。这些指导原则都一一体现在拟定的“台资企业协会暂行管理办法”中。1994 年 3 月《台湾同胞投资保护法》第十条规定：“在台湾同胞投资企业集中地区，可以依法成立台湾同

① 九十年代台商在大陆享受外商待遇，例如公园门票，车、船、机票、旅馆、住房等一律按照外商收费标准。因此，将申请“台商协会”比照“外商协会”的送审程序办理是理所当然的事。

胞投资企业协会，其合法权益受法律保护。”这时，已将“台商协会”改名为“台资企业协会”①。随着台商投资的快速增加（例如1993年一年，就增加了一万多家），原“地级市”才可以成立协会的规定显然已经不适应形势要求，如江苏省昆山市台资企业数量不仅在县级市中遥遥领先，而且还超过了很多地级市，经国台办特批，1998年昆山市成立了全大陆第一家县级市的台资企业协会。②

一般来说各地台资企业协会的组织机构大同小异，此处仅以昆山为例，供读者参阅。

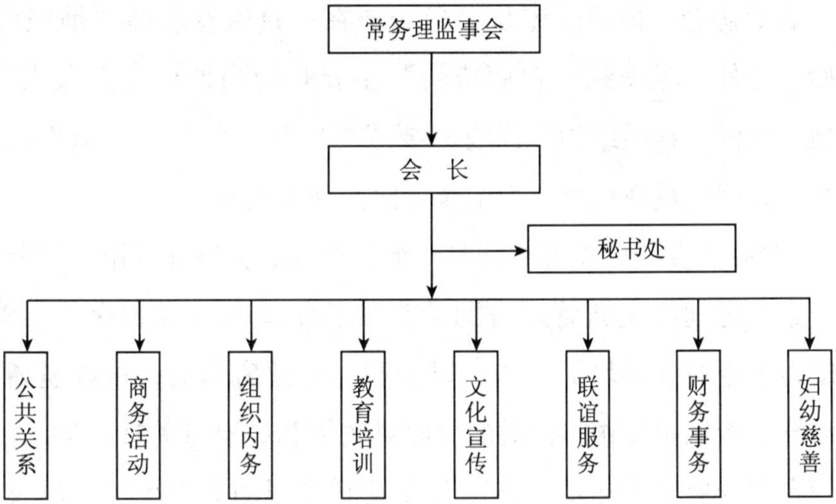

图1　昆山台资企业协会会务架构

① 大陆方面在深圳、北京成立台商协会之后，不断总结经验，协助和指导台商协会开展工作，发现初期会员主要是“独资”企业居多数，而合资、合作企业中的台商以及企业内的大陆高层管理人员也有意愿参加协会活动，所以改成“台资企业协会”会更广泛的满足台资企业员工的要求，扩大了协会的成员，体现了台资企业协会的群众性和广泛性。

② 关于昆山台资企业协会的情况将在本书第九章中阐述。

表 1　昆山台资企业协会八大功能委员会

功能委员会	职　能
公共关系委员会	1. 积极与政府有关方面协调，将国家有关法律、法规和政策及时传递至各会员。 2. 及时反映会员的意见和正当要求，协助政府处理有关矛盾和纠纷，对会员遇到的困难予以帮助。 3. 调解会员与会员之间相关问题及危机处理。
商务活动委员会	1. 提供海峡两岸有关商务信息及昆山投资环境等方面的服务。 2. 增进与台湾及其他地区工商社团和经济界人士的联系，接待由台湾来昆的经济界人士。 3. 与其他台资企业协会友好往来与联系。 4. 组织会员参加经贸考察活动，举办有关洽谈会及经济交流。
组织内务委员会	1. 制定协会的有关规定。 2. 做好会费的收缴工作。 3. 积极发展会员。
教育培训委员会	1. 联络台湾专业人士来协会举办讲座，专业培训。 2. 组织会员举办有关讲座，研讨会。 3. 邀请政府部门进行专题报告会、讲座等。
文化宣传委员会	1. 负责编印协会名册。 2. 负责编印协会会讯。 3. 协会的发言人。
联谊服务委员会	1. 举办分区及全会联谊餐会。 2. 消费折扣服务。 3. 组织旅游、参观活动。 4. 所有球队属于联谊委员会以下，协会对各球队奖励每年定额，上限不超过 1 万元。

续表

功能委员会	职 能
财务事务委员会	1. 协会的日常工作。 2. 协调各委员会未尽事宜。 3. 负责向常务理监事会及理监事会定期提出书面财务报告。 4. 为各会员提供协会授予的各项服务。
妇幼慈善委员会	1. 负责协会的慈善工作。 2. 负责在昆台商太太及小孩的各类联谊活动。 3. 与外地台协妇联会的联谊及交流。
青年委员会	组织年轻台胞的联谊活动。

资料来源：根据昆山台协会网站资料，以及与孙德聪会长访谈资料整理而成。

2010 年成立“青年委员会”，为刚毕业的大学生和跟随父母来昆山的年轻人提供一个正常联谊的管道。其中，妇幼慈善委员会是台商的一面旗帜，让更多的本地百姓了解台商、接受台商，也带动了当地一部分热心人士投入到社会公益事业当中。妇幼慈善委员会的经费全部靠募捐，主要由台商眷属组成，她们每周去孤儿院看望小孩子，去敬老院给老人剪指甲、洗头发等，还帮助家庭有困难的孩子上学。妇慈会在昆山当地的形象非常好，例如 2010 年举办的“2010 昆山首届台湾民俗文化嘉年华”开幕式暨妈祖安座典礼活动之后，妇慈会组织会员在游行队伍后面捡垃圾，起到了保护环境、热爱家园的示范效应，大家对这一善举评价很高。

简而言之，台湾同胞投资企业协会（以下简称“台协”）是依据《中华人民共和国台湾同胞投资保护法》及其《实施细则》，以及国务院颁布的《社会团体登记管理条例》等法律、法规，在台湾同胞投资企业集中的地区，以在大陆登记注册的台资企业为主体自愿组成的社会团体①。

下面将有关台资企业协会的法律法规整理如下：

表 2　有关台资企业协会的法规

法规	颁布时间	颁布机关	规定
《关于鼓励台湾同胞投资规定》（简称 22 条）	1988 年	国务院	第十八条：在台湾同胞投资企业集中的地区，台湾投资者可以向当地人民政府申请成立台商协会。
《中华人民共和国台湾同胞投资保护法》	1994 年	全国人大	第十条：在台湾同胞投资企业集中的地区，可以依法成立台湾同胞投资企业协会，其合法权益受法律保护。
《社会团体管理条例》	1998 年	国务院	第二条：本条例所称社会团体，是指中国公民自愿组成，为实现其章程开展活动的非营利组织。
《中华人民共和国台湾同胞投资保护法实施细则》	1999 年	全国人大	第二十六条：在台湾同胞投资企业集中的地区，可以依法成立台湾同胞投资企业协会。台湾同胞投资企业协会的合法权益以及按照章程所进行的合法活动，受法律保护。
《台湾同胞投资企业协会管理暂行办法》	2003 年	国台办 民政部	共二十一条，从性质、宗旨、业务范围、（副）会长产生、会员管理等方面对台资企业协会做了详细的规定。

① 社会团体是一种基于一定社会关系而形成的会员制组织，其特点是以人及其社会关系为基础。见王名：《中国民间组织 30 年：走向公民社会》，社会科学文献出版社，2008 年版（第 4 页）。

通过对台资企业协会相关法律法规的梳理，可以看出台资企业协会的发展过程是台商与大陆民众相互融合的过程，为两岸之间的沟通创造了一个平台，并且为台资企业协会的运作提供了法律依据，不仅促进协会的和谐发展，使得协会更有代表性，可以更多地倾听台资企业内部广大职工的声音，也为我们了解台资企业协会参与政府制度创新提供了一个的大背景。具体表现在以下三个方面。

（1）1988 年，国务院为促进大陆和台湾地区的经济技术交流，制定《关于鼓励台湾同胞投资的规定》（简称“22 条”），其第 18 条规定：“在台胞投资企业集中的地区，台湾投资者可以向当地人民政府申请成立台商协会。”当时对这个台商组织的名称，暂定为“台商协会”。“22 条”是国务院颁布的法规，位阶较低，规定只有台商才能参加台商协会，当时的审批也还不规范。

（2）随着台资企业逐渐增多，从企业利益和职工权益考虑，吸取在台资企业中工作的大陆员工加入是合情合理的诉求。1994 年 3 月 5 日，全国人大颁布的《中华人民共和国台湾同胞投资保护法》第 10 条规定：“在台湾同胞投资企业集中的地区，可以依法成立台湾同胞投资企业协会，其合法权益受法律保护。”1999 年 12 月 5 日，全国人大颁布的《中华人民共和国台湾同胞投资保护法实施细则》第 26 条规定：“台湾同胞投资企业协会的合法权益以及按照章程所进行的合法活动，受法律保护。”进一步明细了台商在大陆投资的具体规定。

从“台商协会”到“台资企业协会”名称的微妙变化，可以体会到这是一种深刻的制度创新，表现在以下三个方面：第一，台资企业协会大大拓宽了会员的范围，一方面消除了台资企业内部台方和陆方的矛盾，促进了双方的团结；另一方面促进了协会和台商的关系，有利于协会不仅为台商还是广大为企业服务，增强了协会的功能、提高协会在台资企业中的地位。第二，提出了台资企业协会的管理办法，明确了主管单位和部门的分工，加强了管理的规范化和有效性。第三，明确了台资企业协会的定位，它作为当时大陆唯一认可合法登记的台商组织，由当地台资企业或投资者自愿组成，具有社团法人资格，发挥着沟通、联谊和服务台商的作用，其运作受到《社会团体登记管理条例》的规范。

（3）2003 年，根据《中华人民共和国台湾同胞投资保护法》和《社会团体登记管理条例》，国台办和民政部共同颁布了《台湾同胞投资企业协会管理暂行办法》，有效地保障了台资企业协会的合法权益，促进两岸经济交流与合作，规范台资企业协会管理。

这部《暂行管理办法》解决了以下几个问题：第一，明确了台资企业协会的定位。向当地人民政府提出申请，表明了台协是一个地方组织，具体执行中规范为“地级市”，主要服务各地台资企业。事实上，各地台商反映的问题重点不尽相同，特殊问题可以通过省台办向省各级部门报告，更大的问题则可通过国台办向中央各部委直接反映。第二，人大拓宽了协会会员的范围。包括三个方面：①凡是台资企业在自愿基础上都可以参会，不论是独资、合作经营或合资经营企业；②只要是台胞，无论从哪里来到大陆投资经商者都算作台商；③自然人、法人都可以参加协会，在台资企业从业的台胞可以以本人名义加入。① 第三，提出了台资企业协会的管理办法，明确主管单位和部门分工，加强了管理的有效性。在台资企业集中的地方，申请成立台资企业协会，应首先向外经贸部门申请；外经贸部门接受申请后，会同当地台办研究确定后送交民政部按规定登记。国台办和地方台办作为台资企业协会的业务主管部门，负责对台资企业协会进行业务指导和管理工作，同时提供服务和帮助。

下面阐述台资企业协会与外商投资企业协会的比较：

台资企业协会成立之前，1987 年由商务部主管在民政部门注册登记的中国外商投资企业协会（简称“外商协会”）在北京成立，外商协会的服务对象中包含了台湾同胞投资企业（见表 3）。

表 3　外商投资企业协会和台资企业协会的比较

	外商投资企业协会（注 1）	台资企业协会（注 2）
首创时间和地点	1987 年 11 月在北京创立	1990 年 3 月 20 日在北京成立北京市台商协会
业务主管单位	商务部	北京市台办
登记管理机关	民政部	北京市民政部门
成员	由在中国大陆的外商投资企业以及香港、澳门、台湾同胞和海外侨胞投资企业为主，联合组成的全国性不以赢利为目的的社会团体。	以在大陆各地登记注册的台资企业为主体、依法自愿组成的社会团体。

① 当时来大陆投资的台湾人渠道非常多、比较复杂，有的是直接从台湾来的投资，有的是经香港或英属群岛等第三地来的台资，还有从美国来的台湾投资。

续表

	外商投资企业协会（注1）	台资企业协会（注2）
宗旨	协会遵照国家对外开放、鼓励外商投资的方针、政策和法律、法规，努力为会员和投资者服务，引导会员守法经营，维护会员的合法权益；增进会员之间、会员和政府之间的相互了解、友谊和合作，促进会员在中国社会主义经济建设事业和国际经济合作中发挥积极作用。	服务会员、推动海峡两岸经济交流与合作。

注1：根据外商投资企业协会网站（http：//caefi. mofcom. gov. cn/index. shtml）和国台办网站（http：//www. gwytb. gov. cn/tbqy）资料整理而成。

注2：北京市台商协会是全大陆最早成立的一批台湾协会中的一个（另有深圳某地）

通过对外商协会和台资企业协会的比较，可以得出两者的显著区别：

第一，从外商协会的组成成员来看，台湾同胞投资的企业可以参加外商协会。因此，有些台资企业为了广交朋友，既加入台资企业协会，又加入外商协会，这种双重身份是允许的。相反，台资企业协会中不能有其他外商企业参与，这在《台湾同胞投资保护法》中对台资企业协会会员资格有明确的界定。

第二，外商协会是全国性的组织，而台资企业协会是地方性组织。2008年成立的“全国台资企业联谊会”也只是个联谊性质的社会团体，与台资企业协会的动能不同，在各地并无分支机构。

第三，台资企业协会和外商协会的业务主管单位不同，分别由国台办和商务部作为主管单位。台资企业协会是以大陆各地的台资企业为主体，依法自愿登记组成的社会团体，为台资企业和台商服务，提供生产、生活中各类协助，是推动两岸经济交流与合作的重要桥梁。

第四，台资企业协会与外商协会的管理模式不同。外商协会属于一般的社团组织，主要目的是促进会员在中国的经济建设和国际经济合作。而台资企业协会除了具有经济性还有特殊的政治性，其活动始终离不开政府的协助和协调管理，主要有以下原因：台资企业赴大陆投资的初期，两岸之间的交流并未实现直接“三通”，台资企业在中国大陆经营受到台湾当局政策限制和约束，和外资在大陆的起点很不相同，例如资金无法从岛内获得，人员、货物往来也十分不便，经营成本自然会高于其他外商。所以，各级政府对台资企业关怀备至，台资企业协会协助企业向政府反映困难是一项重要而主要的任务。台商在具体经营活动中，也必然存在各种各样的纠纷，这些问题往往通过台办向相关部门转达。政府为了提高办事效率，需要针对一个有代表性的组织来出面处理这些问题，台资企业协会就扮演了这个角色。台资企业协会代表了台商的利益诉求，能够组织和管理会员，这使得政府必须重视台资企业协会，而这一方面外商企业并没有必要。

台资企业协会的主要功能和作用

（一）台资企业协会（简称“台协”）是发展两岸经济关系的有力推手

“台协”作为当地台资企业的组织，所发出的声音基本上代表了当地多数台商的具体利益和诉求，在与当地政府的沟通中得到了高度重视，国台办也不定期地主动邀请各地台资企业协会会长与国务院领导面对面沟通，包括对国家宏观调控政策提出改善建议，台协会长在当地反映的问题主要集中在如何提高政府服务效率、改善投资环境等，解决融资困难，以及子女上学等具体问题，从而密切了台资企业与当地政府部门的关系，也使台商从中得到实惠。

各地台协开展多项服务工作，受到了企业和政府的欢迎。首先，“台协”在接待远道来访的台商时充当义务宣传员，积极讲解当地投资环境，客观上为扩大招商引资发挥了“以台引台”的作用，很受当地政府的欢迎。其次，“台协”邀请当地海关、税务、公安等部门与台商座谈，协助台商了解有关法律法规，有时还请政府主要领导出面，直接参与和帮助会员调解与当地发生的矛盾纠纷，这样不仅维护了台商的合法权益，同时也逐步提升了“台协”在台商群体中的威信，扩大了影响力。第三，“台协”积极协助当地领导部门和企业赴台考察，并在协助考察中积极向大陆介绍台湾各工商团体，认真策划和联系实地参观、与企业交流，直接参与当地的“招商引资”，推动了两岸经济关系发展。第四，“台协”最了解台商的需要，尽最大努力解决台商所面临的困难。如强力推动在大陆成立“台商子女学校”，以及建立与台湾医保制度相衔接的“台资医院”等。在解决一桩桩关乎台商切身利益大事的过程中，“台协”功不可没。从台湾方面来看，台湾当局对“台协”也十分关注。他们在一年三大传统节日（春节、端午节和中秋节），均会邀请大陆“台协”负责人返台参加座谈会和联谊会，届时，台湾当局主要负责人还会亲临致辞，以示关心。大陆“台协”会长也会利用这种场合，向当局提出诸如取消“戒急用忍”政策，放松投资管制的正当要求，并积极呼吁尽快实现两岸“三通”等。这样，在客观上对台湾当局的大陆政策形成了压力，迫使他们有所“动作”。综上所述，台资企业协会确实扮演了两岸经济关系推手的角色。

（二）“台协”是两岸关系紧张时的“润滑剂”

台资企业协会的成员主要是中小企业，反映在协会领导层中，他们大体上也多是由相当规模的、经营业绩较好、有一定社会活动能力的中小企业负责人担任，而大企业较少直接参与。这是因为大企业有条件直接与国务院各有关部门和投资地的省市领导联系，反映情况，解决遇到的困难和问题，所以是否加入台资企业协会对大企业来说并不十分关切。因此从某种程度上说，“台协”主要代表了中小企业的呼声。在台湾“一人一票”的选举制度下，无论是执政的还是在野的政党都十分重视选票，因此在两岸关系非常紧张的时期，台商成了两岸关注和争取的对象。而台商多数赞成密切两岸经济关系，把企业做大做强，而维护两岸和平稳定，是企业利益的基本保障，这对民进党推行“台独”路线是个“顾忌”，在客观上，台商成为遏制“台独”主张恶性膨胀的积极力量。所以“台协”就顺理成章地成了两岸关系的“润滑剂”。

（三）“台协”成为推动大陆地方改革开放的积极因素

台资企业协会在台商与台商之间、台商与当地政府之间，甚至与省、中央政府之间，以及与其他“台协”之间建立了跨界联系，加强了理念、信息和意见的沟通。台商带着资本，带着台湾或外部的经验介入到当地政府的地方治理，并在一定程度上或某些地方参与了政府的决策过程，这些都成为积极因素，推动着大陆地方的改革开放。一些地方“台协”，被地方有关部门评为优秀民间组织、优秀社团，受到当地政府和社会群众的肯定与好评。

（四）“台协”是台商温暖的大家庭

各地“台协”在广大台商中的影响力和吸引力不断增强，台商都把台资企业协会看成是他们共同的“家”。一般来说，一个背井离乡在外落户的人最希望找到“家”的感觉。台商、台干在紧张的工作之余希望找人打球、旅游、聊天、聚餐或娱乐，倾诉自己的心声，以纾缓紧绷的神经。台协会还通过协会内有关委员会积极组织台干家属开展插花、书法绘画等多种文化活动，使台商、台干家庭充满乐趣，这无疑对企业保持旺盛活力有较大的帮助。“台协”组织了多种活动，创造和提供了许多聚会的机会，这正是广大会员所期盼的。有台商说：“在协会活动，只要说上几句家乡话，听到几句问候的话语，比什么都高兴。协会真是出外人的家，咱们的台商之家”。

（五）“台协”是两岸人民情感交流的桥梁

“台协”积极组织台商在大陆各地捐建希望小学和资助贫困学生，参与贫困地区扶贫，组织台商参与大陆水灾、旱灾、地震等自然灾害的救援救助工作，及时用行动传达了台湾同胞对大陆人民的深情厚谊，这些善举都在大陆传为美谈，深得大陆同胞的赞扬。协会还组织并广泛参与两岸各种经济、文化交流活动以及各种研讨会、论坛和参访等，以其独特的优势，成为两岸人民交流的最重要桥梁之一。

“台协”之所以发挥了其他民间社团所不可能起到的作用，原因在于台资企业是一个网络，它们植根于广大台商网络和社会结构之中。通过协会的网络，台商可以获取有用的资源，包括经济性的和非经济性的，这符合广大台商追求改善经营环境、降低经营成本以及寻求心理安慰的强烈愿望。

这些资源来自两方面。一种是嵌入性的资源，是由“台协”的网络结构中设立的多种职位所决定的，不同职位享有不同的权益，意味着对有价值的资源有不同获取的机会。如作为“台协”法人代表的会长可以代表协会直接与当地政府主要负责人（有时甚至是省、部和中央领导）表达台商的意见和诉求，为台商谋取利益，但同时也有机会为自己的企业和政府建立了某种政商关系，而协会其他负责人为解决他所负责的业务需要和政府不同部门的领导经常沟通，也会建立起较为密切的工作关系。这些资源的利用是由于协会的“位置”决定的，所以称之为嵌入性的资源。另一种是社会性的资源，是由台资企业协会组织网络结构的特征决定的，网络就跟神经一样，信息可通过一层一层、一条一条网络神经迅速从上到下，从这个台商传到那个台商。例如中央的有关政策、政府对台商诉求的反馈、市场变化的信息，以至于某一台资企业内部发生的什么重要情况等，这对想借助协会网络特性以及社会关系来索取信息的普通会员——广大中小企业台商而言也是十分宝贵的资源，是全体会员所共享的社会资源。在协会组织中，台协干部和普通会员都有充分的发言权和参与权，选举是协商加公开、公平的竞选，因此大多数协会及其成员比较团结和有进取心。

截止2010年底，中国大陆25个省、自治区和直辖市已经相继成立了116家台资企业协会（见图2），会员企业达到两万多家，约占大陆台资企业总数的1/3。

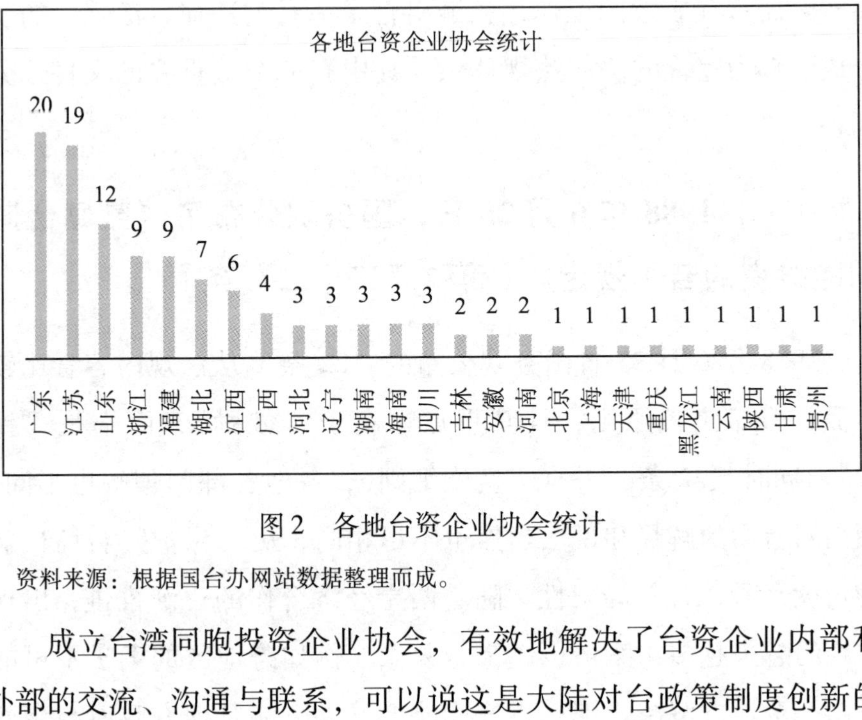

图2　各地台资企业协会统计

资料来源：根据国台办网站数据整理而成。

成立台湾同胞投资企业协会，有效地解决了台资企业内部和外部的交流、沟通与联系，可以说这是大陆对台政策制度创新的一个成功范例。经过多年的发展，各地“台协”认真执行章程，热情履行义务，积极参与活动，为两岸经济关系的发展发挥了十分重要的积极作用。

三、涉台法律、法规相继出台——台商权益保护有法可依

事实证明，有效的投资权益保障是两岸经济关系健康、稳定、持久发展的根本保证。在过去的二十多年中，随着两岸经济往来的不断发展，大陆从中央到地方在保护台商合法权益方面作了很多实际而富有成效的工作，相继出台了一系列法律、法规，初步形成了较为完善的法律法规体系，其中有三个最重要的文件，分别是：

（一）1988 年 6 月 25 日，国务院公布了《鼓励台湾同胞投资的若干规定》（简称“二十二”条）

1988 年 6 月 25 日国务院公布的“22 条”从法规内容看比较全面，但却比较原则，且其重点还在于“鼓励”，而不是“保护”。同时“22 条”没有“实施细则”，各地各部门理解也不同，因而对台商的解释和说法当然也不尽相同，从“保护”台商权益的角度来看，有其局限性。随着两岸经济合作的逐渐推进，出现的纠纷越来越多，案情也越来越复杂。例如跨地区的案子不可能任由一个地方解决，那么谁来牵头？又如，涉及地方政府与台商的纠纷，主管部门执法不公等问题也时有发生；再如台商和大陆企业的交叉纠纷等问题都很复杂。如此形势，客观上要求大陆应尽快出台一部法律对台商投资权益进行更有效的保护。

（二）1994 年 3 月，全国人大公布了《中华人民共和国台湾同胞投资保护法》

1993 年下半年，在李岚清副总理主持召开的国务院对台经济工作协调会议上，国台办、外经贸部等有关部门分析了台商在大陆的投资形势，反映了对台商投资权益保护不力的问题。会议决定向全国人大提出制定《台湾同胞投资保护法》的建议，并责成当时的外经贸部和国台办负责起草相关文件送国务院法制局审定后，再向全国人大报告。全国人大法制委员会于 1994 年初，连续一周审议该法草本。在此期间，国台办派专人赴会备询。1994 年 3 月，在八届人大常委会上通过了《中华人民共和国台湾同胞投资保护法》（以下简称《保护法》），将国务院行政法规“22 条”中对台商大陆投资的优惠政策不仅用法律手段规范下来，而且又增加了有关“保护”的内容，这样做，充分体现了对台政策的连续性，从而形成了一部全面保护台商投资权益的法律文本。

（三）1999 年 12 月，国务院公布了《台湾同胞投资保护法实施细则》

1999 年 12 月，国务院颁布了经过五年反复修改才形成的《中华人民共和国台湾同胞投资保护法实施细则》（以下简称“《细则》”），显然，大陆方面对《细则》的“出台”是极为慎重的。一方面，国台办、外经贸部等有关部门广泛听取了各部门、各地区对贯彻实施《保护法》的意见，重点和台资企业协会作了充分沟通；另一方面全国人大在《台湾同胞投资保护法》公布实施后，组织了执法检查。执法检查中，通过深入各地调查研究，不仅掌握了在两岸经济活动中出现的纠纷案件的大量实例，而且充分借鉴了各地在协调解决台商纠纷案件中的成功经验和不足。此外，国台办还请台湾工商团体在岛内广泛征求台商的意见，如台湾电电公会在岛内做了调查后提出了许多条建议，外经贸部对这些建议采纳了。最终，从有利于建设公平的市场环境和维护台商合法权益出发制定了该“细则”。该“细则”的出台为各地协调处理涉及台资企业纠纷的案件时，提供了公开透明和公正公平的行政依据。

由于《保护法》属于全国人大通过正常立法程序批准的法律，所以《保护法》颁布后，虽然国务院并未公开宣布废止“22 条”，但是对台商权益的保障方式无论从法律层级还是具体执行方面都有了质的提升。“22 条”中所涉及的“鼓励”方面的规定，由《保护法》第二条所规范，并在《细则》第六条和第十三条中都有了更加明确的解释。

《保护法》第二条规定：“台湾同胞投资适用本法；本法未规定的，国家其它有关法律、行政法规对台湾同胞投资有规定的，依照该规定执行。”根据这一规定，台商在大陆投资兴办独资企业及合资、合作性企业，都分别执行《外资企业法》、《中外合资经营企业法》和《中外合作经营企业法》的有关规定，享受相应的外商投资企业的待遇。

《细则》第六条规定：“台湾同胞投资，应当与国家国民经济社会发展规划相适应，符合国家产业政策和投资导向的要求，比照适用国家关于指导外商投资方向的规定。”第十三条规定：“台湾同胞投资企业依照国家有关法律、行政法规的规定，享受税收优惠。”自此，关于台商“比照外资”的大陆投资待遇从此提升到了法律层面的高度。

四、成立台商投诉协调机构——使台商投诉有门

（一）关于“行政协调”的由来

《保护法》公布后，中央、国务院有关部门和国台办共同召开了一系列座谈会，研究如何贯彻落实《保护法》。其中，特别听取了广大台资企业、各地台资企业协会以及台湾岛内工商团体的意见，大家在充分肯定《保护法》重要性的基础上，提出了要根据《保护法》的精神加强行政协调的必要性。因为台商发生的纠纷基本上都是民事纠纷，如果凡事都要通过司法方式解决，其程序复杂，解决过程必定会旷日持久。“小事情”要“大动作”，“小官司”要花“大价钱”。再加上两岸关系的敏感性等，即使审判有了公正的结论，但执行起来也十分困难，因此，大家认为行政协调不仅必要而且可行，1994年以后几年的实践也已证明了这一点。在综合多方意见之后，国台办向国务院报告，提出在全国各级“台办”中设立“台商投诉协调机构”。1994年10月，国务院同意了这一建议。经过半年的准备，1995年5月，国台办台商投诉协调处正式成立。从此“行政协调”正式进入具有两岸特色的台商权益保护的组织架构之内，成为司法、仲裁之外的一条极为重

要的解决台商纠纷的渠道（见图 3 纠纷解决的三种途径）

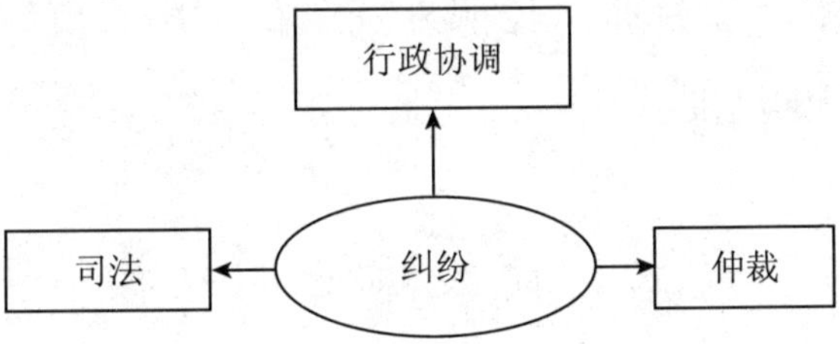

图 3　解决台商纠纷的三种渠道

显然，设立行政协调机构是“制度创新”的成果，这一机构开始并未正式列入国家行政编制系列，而是将“台商投诉协调处”设立在国务院台湾事务办公室直属事业单位“海峡经济科技合作中心”内，该中心是为台商服务的专门机构。因为当时国台办并无台商投诉协调机构的编制，且无经费预算，而“经科中心”负责人又由国台办经济局长兼任，经费又是由台商捐赠的，所以在“经科中心”专设一个“处”来受理台商投诉为台商服务，虽是应急之举但也在情理之中。事实上，处理案件前期的大量调研工作都是由“经科中心”负责，而有关纠纷则由经济局直接处理。其实，从台商投资大陆一开始各种“纠纷”就出现了，由于是发生在台胞身上的事，当地台办自然而然地都成了台商投诉的“窗口”。1991 年至 1992 年，两岸分别成立“海基会”、“海协会”两大授权民间机构后，“两会”就开始陆续接受台商的投诉。在大陆方面，台商投诉案件除一小部分由“海协会”直接处理外，多数案件最终都归集到国台办经济局协调处理，这也为后来国台办成立投诉协调局积累了经验。2000 年，国台办为了加强台商投诉协调工作，在经济局正式成立了投资协调处，从此结束了经济科技合作中心承担的台商投诉协调工作。2005 年 7 月，国台办正式成立了投诉协调局。台商投诉协调机构层级的不断提高及发展的历程和取得的成绩充分说明了它在维护台商合法利益方面发挥了积极有效的作用（图 4、5 是行政协调的工作关系和“行政协调机构”的发展过程）。从图中可以看到投诉者可以通过六个“窗口”进行投诉，如有必要，最终可循四条渠道将投诉送达国台办。

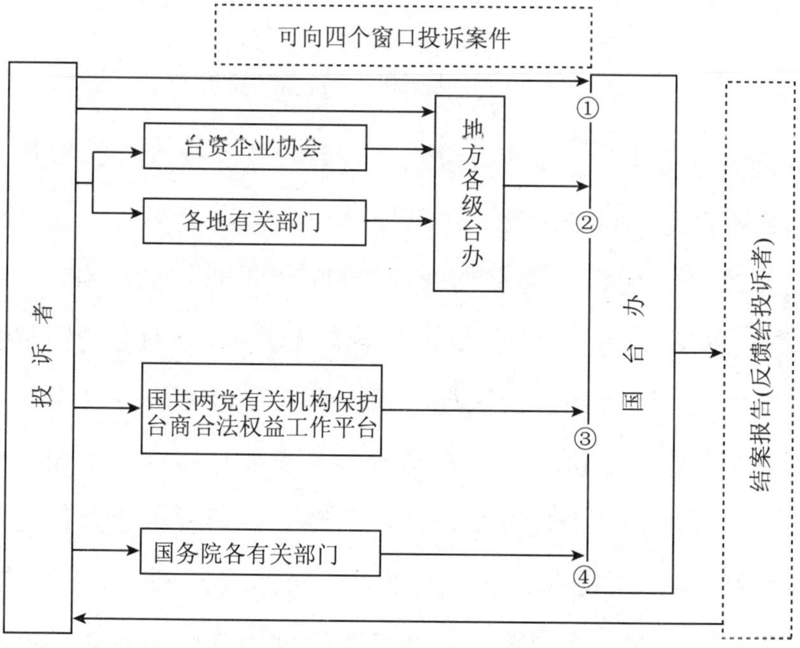

图4　行政协调的工作关系

值得一提的是，面对从严控制机构编制的形势，国台办却增加了一个“投诉协调局”，充分说明了国家对两岸关系以及对台湾同胞投资权益保护的高度重视，更是为两岸经济关系良性发展创造了又一有利条件。该局成立以来，积极贯彻落实中央有关保障台商合法权益的大政方针，认真处理台湾同胞重大投诉案件，成

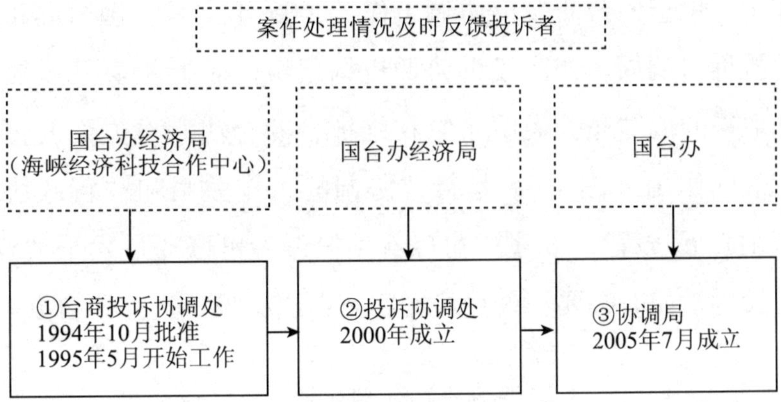

图 5　行政协调机构的发展过程

功解决了一批重大、复杂、敏感的台商权益纠纷案件，得到了台商的普遍肯定。同时，投诉协调局还积极推进了国共两党有关机构工作的平台建设。为贯彻落实 2005 年 4 月以及 2006 年 4 月“两岸经贸论坛”达成的有关共识，认真兑现大陆对台湾同胞所作的庄严承诺，国台办授权该局与国民党大陆台商服务联系中心建立了有关工作合作机构和工作平台，并积极开展有关工作。截至 2006 年底，投诉协调局共受理“泛蓝政党”重要人士及国民党大陆台商服务联系中心递转案件 148 件，已办结 94 件，取得进展 48 件，赢得了广大台胞的赞许。这表明投诉协调局的设立是适逢其时，是大陆保护台商合法权益的又一个制度创新。

随着两岸经济关系的深入发展，各台商投诉协调机构与时俱进地紧紧围绕广大台商关心的权益保护问题，扎实推进台商投诉协调工作，建立高效务实、协调到位、保障有力的工作体制和运行机制，使这项工作法制化、制度化、规范化，力争把大部分台商投诉化解在基层，化解在初发状态。力求在台商进入大陆投资之前，就知法、懂法，不会因为对法律的认知不足而触犯法律。保证台商合法权益在大陆免于受损，至少有三个可寻求解决的途径：第一可向当地台办、台资企业协会或国共两党有关工作机构投诉，通过行政协调获得解决；二是可以提起诉讼，通过司法途径解决纠纷；三是仲裁，依据双方达成的约定提起仲裁，使矛盾纠纷得到解决。据了解，在当前台商投诉案件中，经济纠纷案件和涉法涉讼案件相对较为集中，这表明部分地区的投资环境和法治环境尚存一定问题（见图6）。

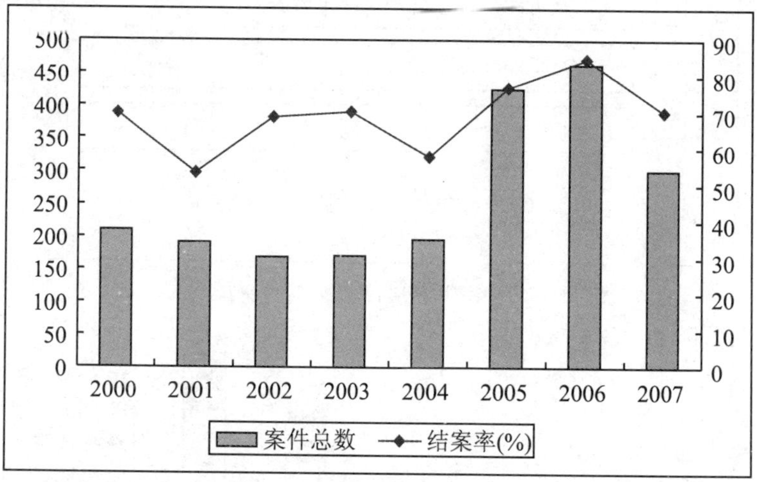

年份	2000	2001	2002	2003	2004	2005	2006	2007
案件总数	210	191	169	171	194	425	463	300
结案率(%)	70	53.4	68.6	70.2	57.7	76.9	84.9	70.3

图6　2000－2007年国台办直接受理案件

台商投诉内容无所不包，其中特别突出的是内含了对“司法”和“行政”部门的投诉。（见图7反映了纠纷大致包含的内容；图8统计了2000－2006年国台办直接受理案件类型情况）

2001年到2006年累计案件1343件，2007年至2010年累计案

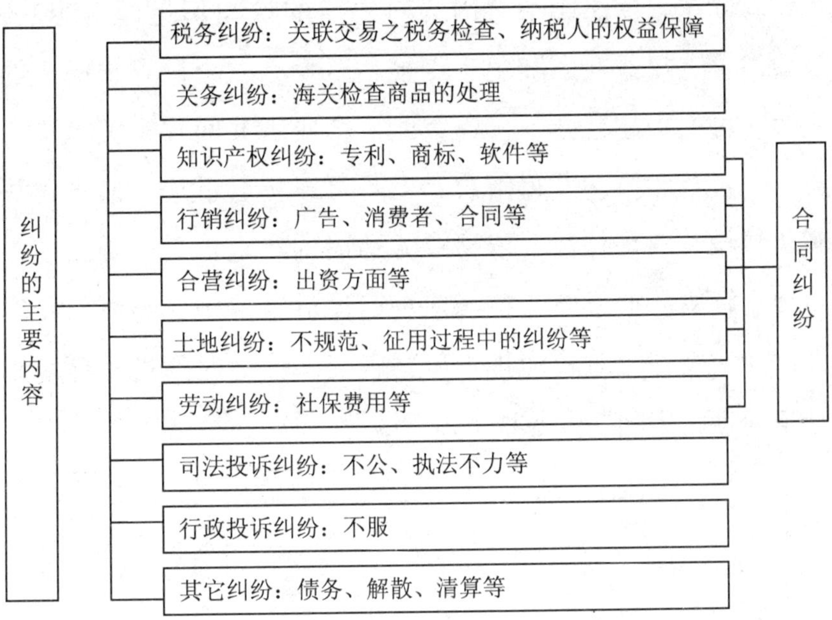

图 7　纠纷大致包含的内容

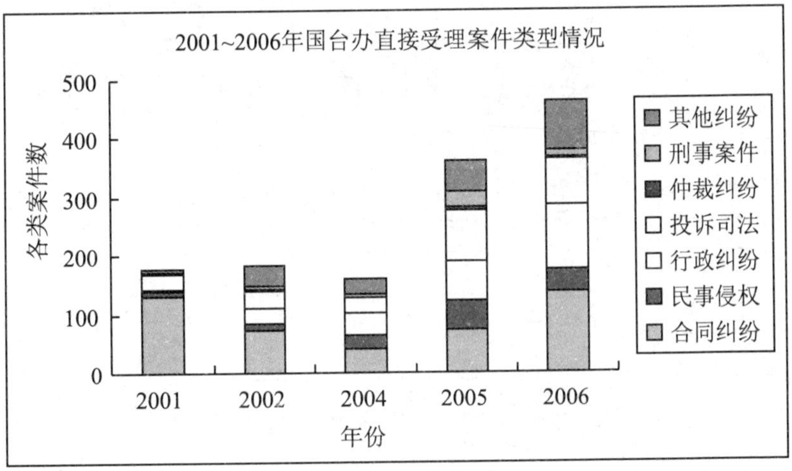

图 8　2000－2006 年国台办直接受理案件类型情况

件 1244 件。2007 年开始，国台办对直接受理案件的统计类型进行调整，分为涉诉案件和非涉诉案件，故 2001 年到 2006 年统计表格和2007年到2010年的统计表格分类标准不同（见表4和表5），其中2010年案件总数为319件，其中非涉诉案件143件，非涉诉案件176件。

表4　2001－2006年国台办直接受理案件类型情况

年份	案件总数	合同纠纷	民事侵权	行政纠纷	投诉司法	仲裁纠纷	刑事案件	其他纠纷
2001	177	130	9	3	26	2	2	5
2002	182	72	13	25	30	2	5	35
2004	160	42	22	38	26	1	6	25
2005	361	73	48	67	88	6	27	52
2006	463	137	38	111	76	5	12	84

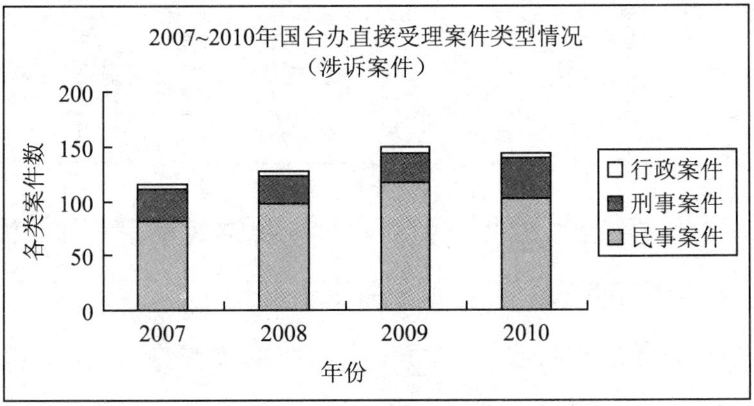

图9　2007－2010年国台办直接受理案件类型情况（涉诉案件）

（二）“行政协调”的特点

1. 机构健全。国家从中央到地方都做到了台商“投诉有门”，且投诉立项手续简单，免费受理，专人负责一办到底。台商解决

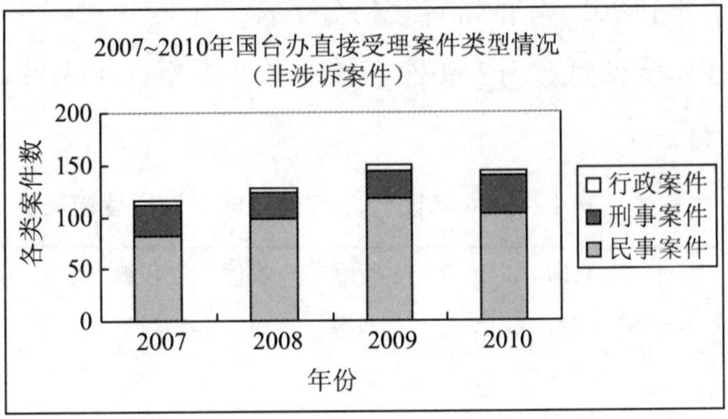

图10　2007－2010年国台办直接受理案件类型情况（非涉诉案件）

表5　2007－2010年国台办直接受理案件类型情况

	涉诉案件				非涉诉案件			
年份	案件总数	民事案件	刑事案件	行政案件	民事案件	行政案件	仲裁案件	其他案件
2007	300	82	29	5	80	62	3	39
2008	319	98	25	5	109	53	3	26
2009	306	117	27	6	74	67	7	8
2010	319	102	37	4	70	95	7	4

纠纷的成本低，避免冗长的司法程序，提高效率，尤其对涉及跨省市、跨部门的案件，其协调效果更明显。

2. 化解矛盾。行政协调与司法、仲裁功能有所不同，但解决纠纷的原则基本相同，都是以事实为依据、以法律为准绳。行政协调以“调解”为主，比司法增加了“依理”、“依情”两个因素，目的在于将矛盾纠纷“化解在萌芽”、“化解在基层”。所以，调解的结果往往使矛盾双方不仅不伤感情，反倒使“冤家”结成了合作伙伴，这类例子甚多。

3. “台协”参与。大陆各地台资企业协会有条件参与办理台商投诉案件，他们直接参与，主动提供情况，往往还提出解决方案的建议，为纠纷双方和解提供良好的外部环境。

4. 两岸建立平台。2005 年之后国民党“大陆台商服务联系中心”也会接受台胞的投诉，国共两党共同建立了保护台商合法权益的工作平台。

5. 民主性强。从行政协调工作关系和投诉的内容之广泛性来看，行政协调具有高度的透明性，是非曲直大家心中都有数，协调中政府有关部门、当事企业领导、员工甚至亲友也都发表意见，协调过程具有公开性和广泛的民主性。

6. 宣导法制。由于行政协调工作的群众性强，也相应地起到了法制宣导的作用。让企业做到守法经营、各级各部门依法维权。①

7. 特殊照顾，具有“广泛性”和“宽容性”。“广泛性”是指投诉对象和投诉内容广泛。“宽容性”是指台商确实对大陆法律不熟悉而造成的“触法”。在协调过程中，经过宣导和教育，使触法者有了新的认识，提供了守法的自觉性，对此可以从宽处理。

8. 灵活性和人性化，形成了一套完整的行政协调机制，以事实为依据，以法律为准绳，以感情为基础，依法、依理、依情三者结合，免费服务台商。

各地台湾事务办公室都相继设立了台商投诉协调中心或台商投诉协调处。首先都做到了“投诉有门”，并都建立了内部的专门授理责任制，从接到投诉开始直至处理完毕，负责到底。许多涉

---

① 参考资料：刘震涛《对两岸双向投资权益保障问题的探讨》，2008 年 12 月 20 日。

台部门还建立了“台商接待日”、“台资企业协调会”等与广大台商的沟通机制。许多台商说，投资不可能没有纠纷，关键是纠纷产生之后政府的态度，是否迅速采取行动，积极解决问题。

北京市台办在健全机构、加强机制建设上下功夫，全市各级台办都建立了接受台商投诉、协调处理矛盾纠纷的办事机构。这些机构的任务和工作目标明确，办事程序清楚，职责分明，并对各级机构及其成员提出了年度考核要求。该市自建立日常投诉标准化处理模式以来，由于件件受理案件有专人、专管、专跟（跟踪），所以结案率较高，反馈快速、及时，受到在京台商的肯定。

江苏省南通市台办一方面大力宣传法律知识，力求涉台部门、单位和个人懂法、依法；另一方面则积极提倡各级台商投诉协调机构定期深入台资企业进行调研摸查，发现问题及时就地解决，真正将各种矛盾纠纷解决在萌芽状态。该市至今仍然在江苏省保持台商“零投诉”的良好局面。

作为台商投资密集地区之一的福建省，一直着力保护台商合法权益。截至 2007 年，该省已处理解决台商各类投诉案件 864 件，处理结案率高达 98%。另外，福建省有关方面加强督办力度，针对一些历史遗留问题，着力解决一些久拖不决的台商投诉案件。该省在有关执法检查中发现，近几年，在闽台商投诉，年平均 169 件，与五年前台商投诉年平均 423 件相比明显下降，台商投诉问题得到了及时有效的解决，成功率和满意率不断提高。①

① 参考资料：中国台湾网 2007 年 9 月 5 日综合报道。

五、关于两岸司法协助

两岸司法协助首先是涉及两岸判决的执行问题。一般有两种情况：一是两岸法院各自作出民事判决，因债务人或其财产在对岸而导致判决需要对岸法院的认可和执行；二是两岸法院各自作出民事判决的当事人之一是对岸的自然人或法人、组织等。这样的案件虽能得到诉讼上的判决，却由于特殊原因难以得到有效执行，不利于对当事人合法权益的保护，因而加强两岸的司法协助有利于保护两岸正常经贸往来。

其次是两岸仲裁裁决认可上的有关问题。仲裁制度是两岸经贸纠纷解决的常用途径。相对于其他方式，仲裁解决方式更加迅速、有效。目前两岸都有条件地认可和执行对岸的仲裁裁决书，对于仲裁适用机构的选择、仲裁的原则和程序等问题也都与国际上通行的准则基本一致，这样有助于消除两岸仲裁裁决认可和执行上的法律障碍和心理障碍。目前两岸已有许多相互裁定认可和执行仲裁裁决的成功实例。

在两岸民事判决的裁定和执行方面，上海司法界走在了前列。早在 1998 年，上海市第一中级人民法院裁定认可了台湾高雄地方法院关于高雄人许玲雯诉台湾长泰庄建设发展有限公司有偿借款纠纷一案的判决，并进行了强制执行。许玲雯一案成功解决了大陆法院认可和执行台湾法院的民事判决问题，成为以后解决类似问题的范例。上海市通过两岸官方授权或者委托，由上海市高级人民法院与台北市高级法院签订了《两岸相互认可和执行民商事判决和仲裁裁决的协议》，内容包括裁定认可的条件和程序、公共秩序保留条款的含义及其限制等。有了官方授权与委托，这种协议具有了准官方性质，为两岸所接受和认可并得到相对有效的执行。

第二章 台资“比照外资”

——智慧的创举

自1979年起国家积极倡导两岸“通航、通邮、通商”的“三通”政策，欢迎台湾同胞前来大陆投资经商，但首先碰到的是对于台资身份认定的问题。主要在于：第一，我国宪法明确规定台湾是中国领土的一部分，台湾同胞是中国公民，这一点已得到国际社会的普遍承认，因而，台资理应属中国国内资本，台商在大陆投资、贸易也理应享受与大陆同胞同样的国民待遇。而面对两岸三十年来的分离局面及两岸政治经济社会制度的差异，显然又不合适把台资直接当做内资来对待。第二，当时大陆实行的是计划经济体制，若将台资当做内资管理，会因为两岸政治制度、经济体制、管理方式的巨大差异而无法让台商接受，这无异于将台商拒之门外。因为在计划经济时代，所有投资者都须按照国家定位的“所有制”性质适用各自的政策，那么台商该如何定位呢？这就给两岸经济合作出了一道难题，给台资企业的定位成了扫除台商投资大陆障碍的最关键一步。

为了顺利建立两岸经济合作关系，台商投资的定位问题已无法回避，对此，国家极具智慧地、创造性地采取了“政经分离”

的原则，务实地解决了这一难题，就是将台资以“比照①外资”的法律法规和政策进行管理。

如果翻开对外商投资的法律法规文本就可以发现，几乎所有的法律法规在最后都会带上台（港、澳）地区投资者的适用条款。

一、解决台资、台商定位的法律背景

改革开放初期，吸收外国资本和港、澳、台、侨资，利用其资金、技术、管理经验等推动经济发展，成为全国上下的共同愿望和追求。由于当时港、澳地区分别是英国和葡萄牙的殖民地，所以将港澳投资定位为外资，这在当时是合法的、无可争议的。由于台资身份的特殊性和敏感性，对港澳投资（作为外资）的法律定位显然就不能适用于台湾同胞投资。按照宪法，台湾是中国领土的一部分，台商投资实际上是台湾地区的同胞在中国其他省、市、自治区的投资，所以台资不能等同于外资。同时，由于改革开放初期以“一大二公三纯”为特点的公有制在大陆经济法制和实际经济生活中占有绝对主导地位，私人资本的生存发展空间还很小，如果把具备国际流动资本特质的台资简单当做国内私人资本，肯定不利于台资企业在大陆的顺利发展。

1982 年，五届全国人大通过的《中华人民共和国宪法（修正

---

① 比照，法律用语，是指比较、参照一定的法律规范要求，作为处理案件的依据。通过分析比较，找出在性质特征上与案件最为相似的法律规范，并遵照这类规范的要求处理案件。——夏团主编：《最新常用法律大词典》，中国检察出版社 2000 年，第 26 页。

案)》第十一条规定：“在法律规定范围内的城乡个体劳动者经济，是社会主义公有制经济的补充。国家保护个体经济的合法权利和利益”。根据这一规定，大陆个体经济、私人资本虽然有了国家根本大法的承认，但还受很多具体法律法规的限制。1988 年 6 月，全国人大常委会通过《中华人民共和国私营企业暂行条例》，规范私营企业行为，保护私营企业主合法权益。尽管此时法律规范和保护了大陆私营经济，但还不允许私人资本作为单独的投资主体申请项目审批，对来自台湾的私人资本，则更是缺乏适当的法律条款予以定位、规范和保护。如果在当时匆忙将台资定位于大陆私人资本，并享有大陆一整套私营经济发展的政策，根本就达不到对台资企业发展和保护的目的。因此对台资既不能等同于外资，也暂时无法完全等同于内资，这就是 20 世纪 80 年代引进台资所面临的法律困境。为摆脱这个困境，暂时把台资作为特殊形式的内资，参照执行外资法的有关规定加以鼓励和保护，是对台资企业发展和大陆经济发展都有帮助的“权宜之计”。现在看来，“比照外资”尽管有其局限性和一定程度上的“副作用”，但事实证明，这对后来两岸经济关系顺利发展起到了至关重要的作用。

1988 年 6 月，《国务院关于鼓励台湾同胞投资的规定》（简称“22 条”）颁布，第一次提出台资“参照执行外资”待遇的政策，从国务院行政法规的角度，初步解决了台商赴大陆投资的法律定位问题。

随着《中外合资经营企业法》（1979 年）、《外资企业法》（1986 年）、《中外合作经营企业法》（1988 年）和相应实施细则（属国务院行政法规性质）的颁布，以及有关外资设立、审批、经营和税收、外汇等方面的法律法规逐步完善，从而形成了一整套的外资法律体系。这一外资法律体系当然也可以作为台商来大陆投资时参照执行的法律依据。

二、“参照外资”——对台贸易惯例的合理延伸

早在1979年1月《告台湾同胞书》发布前，国家有关部门在没有先例的情况下，就按照对外经贸管理体制来处理对台贸易，其中包括很多未公开的贸易活动。《告台湾同胞书》发布后，为贯彻文件中“发展两岸经济联系”的精神，对外经济贸易部负责人于1979年1月12日发表谈话：“台湾是中华人民共和国的领土，同台湾开展贸易，不能叫对外贸易，而只是地区间的交流。在目前情况下，外经贸部暂时负责这方面的业务。”① 1979年5月，对外经济贸易部又在《关于开展对台湾贸易的暂时规定》中说明：“对台湾贸易是台湾回归祖国‘过渡时期’的一种特殊形式的贸易，是为了促进大陆和台湾地区的经济联系，团结争取台湾工商界人士，为统一祖国创造条件。”② 这种国内特殊形式的贸易体制之所以产生，是考虑到在两岸分离的特殊情况下，台湾地区经济以加工出口为主导，并拥有独立货币、关税和一套完整的外贸体制，所以参照对外贸易管理办法处理对台贸易，既可以避免因两岸政治僵局带来的干扰，又可以顺利务实地推进两岸经济联系。

---

① 资料来源：外经贸部负责人谈话，《中国新闻》，1979年1月12日。

② 资料来源：李家泉主编《台湾经济总览》，中国财经出版社，1995年版。

这种对台贸易制度的创新设计，显然不是一劳永逸的，而带有阶段性特征。同样，投资则是两岸经济联系中的另一个重点，对台贸易与投资不仅为对台经济活动的两大主要内容，而且两者关联性甚密，自然而然地将对台贸易视同外贸的政策就从贸易领域延伸到了投资领域。根据1988年《国务院关于鼓励台湾同胞投资的规定》行政法规中表述的对台资企业“参照执行国家有关涉外经济法律、法规的规定，享受相应的外商投资企业待遇”的条款，一律将台资按照“参照外资”的政策来管理。这其中“涉外法规”应该包括原外经贸部有关对台贸易的文件精神。

20世纪八十年代初逐步形成的按照对外经贸管理体制处理两岸贸易与投资事务的政策，既解决了台商投资大陆所面临的法律定位难题，又较好地体现了大陆对台商的“鼓励”和“保护”。

三、“参照外资”——应对计划经济模式下的务实政策

20世纪80年代初，大陆计划经济体制尚未开始转型，企业的投资立项审批权都还集中在中央政府，企业并不具备自主的投资决策权，大型投资项目若不被列入国民经济和社会发展计划内，就无路可走，更谈不上发展。当时内资民营企业都还十分弱小，投资更被列在计划之外，企业的设立、生产、营销等方面都在体制外运作。这时，台资企业要进入大陆，首先面临的就是投资立项审批的问题。参照执行外资法，给予台资“参照外资”的待遇，解决了在计划经济体制下，台资企业投资立项审批的合法程序问

题。从而，对台资企业的审批做到了有法可依、有制可循。20 世纪 80 年代初，随着外资法律法规体系的建立，外国直接投资项目的立项审批程序拥有比内资更为便捷的投资审批渠道。80 年代后期，随着对台经济政策的不断完善，外资管理体制在国家各有关部门之间的分工进一步明确，对于台资“参照外资”的政策已在国家各个部门完全得到了落实，台商投资大陆也逐步与形成中的外商投资政策完全接轨，这的确是适应当时两岸政治经济形势的务实政策。也可以说是两岸经济关系发展史上最重要的一个制度创新。

四、台资“比照外资”的内容分析

回顾台资“比照外资”政策出台的历程，我们发现，自 20 世纪 80 年代至今，以“比照外资”为标志的台资政策本身经历了两个发展阶段，存在着三个层次：第一层次从 1988 年到 1994 年，根据《国务院关于鼓励台湾同胞投资的规定》（1988）实行的“参照执行”外资法规定，在国务院法规层面上确定了台资的定位，重点在于鼓励台商在大陆发展。第二个层次即从 1994 年至今，通过《台湾同胞投资保护法》（1994）将“参照外资”改为“比照外资”，又在全国人大立法层面上确定了台资的定位。同时，以“比照外资”的提法在表述上体现了政策的法律化。在鼓励台商投资的基础上，加强了对台资企业的保护。同时并存的还有第三个层次，即根据国务院下发的国发（1994）44 号文件规定的“同等优先，适当放宽”特殊政策，放宽了台资进入大陆市场的门槛，凸显出台资的特殊性。这是在法律之外又增加了一个鼓励性法规。可以说“参照执行”外资法、“比照外资”法律规定以及“同等优先，适当放宽”政策，构成了大陆台资政策的三个层次。① 至此，对台商投资大陆的法律“定位”及其相关的“鼓励”和“保护”都有了一个较为完整的体系，这一体系的最大特点在于；台资既享受外资待遇、但又有与外资不完全相同的待遇，体现了台资企业与外资企业的区别，这也就为最终解决台资企业的身份认同留下了空间。

① 资料来源：巫永平、刘震涛、郑振清：《从比照外资到等同内资》，清华大学台研所课题论文，2008 年。

第三章　两岸接触商谈机制的形成和发展

海峡两岸自 1949 年分离以来，一直处于军事对峙状态，即便是在 1979 年大陆发表《告台湾同胞书》后也是如此。大陆只能通过各种方式向对岸的台湾当局喊话，希望通过商谈的方式解决两岸争端，但这一善意被台湾当局一再延误，致使两岸对话、商谈的通路被长期堵塞。1987 年 11 月 2 日，迫于各方压力，台湾开放了民众赴大陆探亲，两岸被抑制的亲情及交流欲望如同火山一样喷发。据台湾方面的统计，从 1987 年 11 月到 1991 年 12 月的四年间，两岸人员往来超过 240 万人次，其中台湾来大陆探亲的人数约 50 万人次，大陆赴台探病奔丧的人数也超过一万人次；书信往来累计达到 4300 多万件。两岸经贸方面，经由香港的转口贸易，约 160 亿美元，间接投资超过 25 亿美元。两岸民间交流掀起之后，大陆找到了发展两岸关系新的支点，就是一方面通过经济合作和各项交流促进“三通”，另一方面为解决合作和交流中出现的问题积极探讨两岸接触商谈的可能性，并创造条件尽力推动。

一、两岸接触商谈机制的不断创新，关于“海峡两岸经贸协调会”

1989年年中，台湾同胞继探亲“热”之后，纷纷在大陆寻求投资机会。当时，大陆各地对台商投资既欢迎又“害怕”，主要是对有关政策不了解，怕犯“政治性错误”，而“招商引资”对大陆各地政府和企业来说还是个新鲜名词。而台商也心存各种疑虑，如对交通、通讯、电力供应等基础设施资讯搞不清楚，且对诸如税收项目及优惠政策、进出口海关运作及政法职能部门的软性资讯等，更有“一头雾水”的感觉，为此还真闹出了不少笑话。当然更害怕投资没有保障。面对这种局面，当时国台办十分希望能建立一种中介服务机制来为两岸经济交流、合作搭桥、铺路。台湾商业总会理事长张平沼和台湾仲裁协会理事长黄绵绵先生，1989年多次到大陆考察访问。期间与“中国贸易促进会”磋商在香港合作成立一家具有咨询服务和纠纷协调功能的机构，共同推进两岸经贸关系。1989年12月10日，大陆“中国贸易促进会”出面与台湾“两岸商务协调会”（该会由张平沼、黄绵绵先生发起组建）联合成立“海峡两岸经贸协调会”。这是两岸第一个通过民间协商共建的经贸咨询服务机构。机构的公开成立触犯了台湾当局的有关规定，张平沼先生立即遭到国民党的党纪处分，因此，该机构还未开展什么活动就被叫停了，几乎是“胎死腹中”。尽管如此，张平沼先生仍积极组团于1990年至1991年期间，率领共计三百多位台商，与大陆“中国贸易促进会”合作，先后在北京、上海两地，与大陆各地“贸促会”分会和众多大陆企业共同举行大型两岸经贸交流研讨会。在北京活动期间，江泽民总书记还接见了其中约四十多位台湾企业界代表。可以说，这一系列由大陆“中国贸易促进会”和台湾“商业总会”组织的活动开启了两岸通过民间组织的协商进行交流活动的先河。为两岸接触商谈机制的形成既奉献了经验也取得了教训。

二、“金门协议”——两岸“红十字会”进行的商谈

1990 年 7 月 22 日，台方以极不人道的方式遣返大陆渔船“闽平渔 5540 号”，造成了 25 名大陆私渡人员窒息死亡。同年 8 月 13 日，台方又将 50 名私渡人员强行并船遣返，导致“闽平渔 5202 号”被台军舰撞沉，21 人落水遇难。这是台湾军警不断介入两岸海上渔事纠纷并人为造成事态复杂化的结果。事发以后，海内外舆论对台湾当局草菅人命的行径进行了强烈的谴责，呼吁台湾当局废弃“不接触、不谈判、不妥协”的“三不”规定，与大陆方面尽速接触会商，针对海峡两岸人民渡海往来事宜，签订明确的规范，使台、闽同胞皆有法可依，彻底杜绝悲剧重演。在内外压力之下，台湾方面开始通过各种渠道，寻求与大陆联系商谈，而这一历史的使命最终落在两岸红十字会这个人道主义组织身上。

两岸红十字会经过协商，商谈地点选定在与厦门一水之隔的金门岛。对选择商谈地点，当时两岸当事人都费了一番心思。一

开始，台湾提到菲律宾和日本，但大陆不同意，认为谈中国人自己的事没有必要跑到国外去。最后，台湾红十字会秘书长、台湾的主谈代表发来传真，建议双方在金门商谈，从而使选址问题得以解决。之所以选在金门是有特殊意义的，金门在台湾当时的规定中仍列为战区，不作为行政部门管辖的地区。

1990 年 9 月，中国红十字总会秘书长韩长林、理事乐美真、台湾事务部部长张希林与福建省红十字会副会长计克良及福州市红十字会副会长方庆云，担任大陆方面参加商谈的人选，并由韩长林和乐美真作为主谈者。

商谈正式开始时的主题是关于人员遣返问题。台湾红十字会表明了遣返的迫切性，大陆红十字会则建议遣返应在马尾—马祖之间进行，而不应舍近求远。双方对于红十字会在遣返问题上的职能定位都确认为“参与见证”。由于双方的坦诚相待，商谈进行得很顺利，然而，谈到遣返什么人的时候，即对于定义被遣返者的身份上存在分歧，于是谈不下去了。台湾方面代表一开始就提出来是遣返“非法越境者”，而大陆方面代表则考虑“非法”，这个“法”没有界定；“越境者”的“境”，是国境、省境、边境，还是关境，也没有明确的概念。大陆红十字会认为，从事正常捕鱼作业和因避风、触礁、机器故障等原因抵达对方的渔民不应列入遣返范围。经过再三斟酌，大陆方面代表提出了一个新的提法，即：“违反有关规定进入对方地区的居民”，双方代表一致认为这个提法不错，立即就取得了共识。

1990 年 9 月 19 日上午 10 点，海峡两岸同时发表了一份新闻稿。这篇新闻稿蕴含的内容非同寻常，它记录着海峡两岸民间机构自“两航谈判”以来的再次成功接触，更记录着一个在日后两岸交流进程中具有重要影响的文件的产生，这个文件就是著名的《金门协议》。

《金门协议》确立了“人道精神与安全便利”的遣返原则，明确以“违反有关规定进入对方地区的居民以及刑事嫌疑犯或刑事犯”为遣返对象，商定了以马尾—马祖和厦门—金门为遣返交接点，并确定了资料送达、复核、专用船使用、交接见证等遣返程序。同年10月8日，由两岸红十字组织见证的私渡人员遣返作业正式开始。

《金门协议》是两岸分离四十多年来的第一次有官方背景的历史性协议，它表明两岸完全可以通过商谈，发挥中国人的智慧来解决自己的问题。《金门协议》的签订，对于维护两岸民间交流、交往的正常秩序，尤其对于后来台湾“海峡两岸交流基金会”和大陆“海峡两岸关系协会”的顺利诞生起到了催生作用。

两岸商谈与对话一览表（1986年-1999年）

时间	地点	名义与层级	议题与内容	备注
1986年5月17日-20日	广州	中国民航与台湾“中华航空公司”	处理王锡爵驾机来大陆台“华航”B198号货机返台事宜。	
1990年9月10日	金门	中国红十字总会与台湾红十字组织	解决违反有关规定进入对方地区的居民和刑事嫌疑犯或刑事犯的遣返问题，达成“金门协议”	
1991年11月3日-7日	北京	国台办副主任唐树备以个人名义与海基会副董事长陈长文	商谈合作打击台湾海峡海上走私、抢劫犯罪活动的程序性问题。	

续表

时间	地点	名义与层级	议题与内容	备注
1992年3月	北京	海协部主任与海基会处长	两岸公证书使用和两岸挂号函件遗失查询及补偿业务问题。	中国公证员协会、中国通信学会邮政专业委员会参加
1992年10月27日-29日	香港	海协部主任与海基会处长	商谈两岸公证书使用问题。此后不久，通过函电联系，双方达成各自以口头方式表述“海峡两岸均坚持一个中国的原则”共识。	
1993年3月25日-27日	北京	海协副秘书长、部主任与海基会处长	讨论汪辜会谈预备性磋商的程序性事宜，并就“两岸公证书使用查证”“两岸挂号函件查询、补偿事宜”两项协议草案达成一致意见。	
1993年4月8日-11日	北京	海协负责人与海基会负责人	汪辜会谈的预备磋商。两会负责人草签了《两岸公证书使用查证协议》、《两岸挂号函件查询、补偿事宜协议》。	
1993年4月22日-26日	新加坡	海协负责人与海基会负责人	为汪辜会谈作最后准备	

两岸商谈与对话一览表

时间	地点	名义与层级	议题与内容	备注
1993 年 4 月 27 日 – 29 日	新加坡	海协会长汪道涵与海基会董事长辜振甫	第一次汪辜会谈。就两会会务、两岸经济和文化科技交流等问题交换意见。签署了《汪辜会谈共同协议》、《两岸公证书使用查证协议》和《两岸挂号函件查询、补偿事宜协议》。	
1993 年 8 月 30 日 – 9 月 3 日	北京	海协副秘书长与海基会副秘书长	讨论落实汪辜会谈有关协议和安排问题	
1993 年 11 月 2 日 – 8 日	厦门	海协副秘书长与海基会副秘书长	协商解决“两岸劫机犯遣返”、“协商处理两岸海上渔事纠纷、违反有关规定进入对方地区人员遣返及相关事宜”三项事务性问题。	公安部、农业部、福建省边防局官员以海协顾问名义参加商谈
1993 年 12 月 18 日 – 23 日	台北	海协副秘书长与海基会副秘书长	同上。	
1994 年 2 月 1 日 – 4 日	北京	海协负责人与海基会负责人	就上述三项议题和两岸经济、文教交流及开办两岸特快专递事宜交换意见，发表《共同新闻稿》。	
1994 年 3 月 25 日 – 30 日	北京	海协副秘书长与海基会副秘书长	继续协商“两岸劫机犯遣返”等三项议题	
1994 年 7 月 29 日 – 8 月 2 日	台北	海协副秘书长与海基会副秘书长	同上	

续表

时间	地点	名义与层级	议题与内容	备注
1994 年 8 月 3 日 –8 日	台北	海协负责人与海基会负责人	就解决上述三项议题中的症结问题达成文字共识，并就台商投资保护、维护两岸同胞权益等问题交换意见，发表了《共同新闻稿》。	
1994 年 11 月 23 日 –26 日	南京	海协副秘书长与海基会副秘书长	继续讨论“两岸劫机犯遣返”等三项议题。海基会推翻了两会负责人 8 月份在台北达成的共识。	
1995 年 1 月	北京	海协负责人与海基会负责人	就“两岸劫机犯遣返”、“违反有关规定进入对方地区人员遣返”两项议题达成一致的协议文本，但台湾当局拒绝签署。	
1995 年 5 月 26 日 –29 日	台北	海协负责人与海基会负责人	第二次汪辜会谈第一次预备性磋商。双方商定当年 7 月在北京举行第二次汪辜会谈。但由于李登辉访美从事制造“两个中国”活动，两会事务性商谈被迫中止。	
1998 年 4 月 22 日 –25 日	北京	海协副秘书长与海基会副秘书长	就辜振甫来访事宜和开展两岸政治对话交换意见。	
1998 年 7 月 24 日 –31 日	台北	海协副秘书长与海基会副秘书长	海协副秘书长率交流团赴台参访。继续就辜振甫来访事宜和开展两岸政治对话交换意见。	
1998 年 9 月 22 日 –24 日	北京	海协负责人与海基会负责人	商定辜振甫来访安排	

续表

时间	地点	名义与层级	议题与内容	备注
1998年10月14日－19日	上海、北京	海协会长汪道涵与海基会董事长辜振甫	在上海，汪、辜达成包括进行政治、经济对话和汪道涵适当时候访问台湾等四项共识。	
1999年3月17日－18日	台北	海协副秘书长与海基会副秘书长	就汪道涵访问和两会对话安排事宜交换意见。	
1999年6月27日－28日	北京	海协副秘书长与海基会副秘书长	继续就汪道涵访问和两会对话安排事宜交换意见，原则确定汪道涵于当年秋天访台。7月9日，李登辉抛出“两国论”，两会接触、交流、对话再次被迫中断。	

资料来源：国台办网站。

三、建立“两会”制度性协商机制

自1988年以来，海峡两岸民间交往日益频繁，特别是两岸经济交流日趋热络，大量事务性、经济性问题急需两岸共同协商解决。《金门协议》只是解决了一个特定的问题，事实上两岸间发生的任何问题都属于综合性的，需要官方层面的参与和认可才能解决。

台湾方面于1990年11月21日宣告成立“财团法人海峡交流基金会”（以下简称“海基会”），并于次年3月9日正式挂牌运作。国民党中常委、台湾工商协进会会长、时年73岁的辜振甫出任董事长。在由43人组成的董事会和由6人组成的监事会中，除了岛内知名企业家之外，各主要政党、各主要媒体及台湾当局各个与大陆事务有关的部、会，都有代表出任董监事，“海基会”事实上成为了台湾不同党派之间沟通的一个平台。

在此之前，台湾当局分别成立了所谓的“国统会”以及“陆委会”。“海基会”作为台湾官方授权的民间机构，负责接受“陆委会”的委托，办理当局“不便与不能”出面的两岸事务，工作重点是“交流”、“服务”、“协商”两岸的相关事务。

上任伊始，辜振甫就宣布了“海基会”的宗旨：“中国的、善意的、服务的”，希望为两岸民众建构起一座沟通的桥梁。据台湾联经出版社出版的《劲寒梅香——辜振甫人生纪实》一书记述：“两岸关系成了他晚年最主要的志业，投注的心力，不比他经营的事业少。……”。海基会开始运作时，辜振甫在第一次讲话中勉励同仁：“发挥牺牲奉献的精神，不求名利；要以诚信务实的做法，为两岸民众排除困难，解决问题；一方面做好主管机关台湾‘陆委会’的委托事项，同时也要为两岸建立开诚互信的管道与沟通模式。”

1991 年 12 月 16 日，大陆也相应成立了“海峡两岸关系协会”（以下简称“海协会”），定位为社会团体法人。海协会是大陆方面与台湾方面商谈两岸交往中相关问题的受权团体。《海峡两岸关系协会章程》规定：海协会以促进海峡两岸交往，发展两岸关系，实现祖国和平统一为宗旨。理事会为海协会最高权力机构。按照协会的章程，海协会还可以“接受有关方面委托，与台湾有关部门和受权团体、人士商谈海峡两岸交往中的有关问题，并可签订协议性文件”。在当天召开的第一届理事会上，汪道涵当选为“海协会”首任会长。2005 年 12 月汪道涵逝世后，海协会会长一职长期悬缺。在2008年6月3日召开的第二届“海协会”理事会会议上，原国台办主任陈云林当选为新任会长。

1992年，海协会与海基会在香港的两岸事务性商谈中，就如何表述坚持一个中国原则的问题进行了讨论，后来形成“九二共识”，为海协会和海基会以后的商谈奠定了政治基础。1993年4月，海协会会长汪道涵和海基会董事长辜振甫首次在新加坡举行会谈，这是自1949年以来两岸高层人士首次以民间名义进行的公开会晤。这次会晤，建立了两岸制度化协商的机制，标志着两岸关系迈出了历史性的重要一步。此后，双方又举行了二十多次不同层级的商谈包括1998年在上海举行的“汪辜会晤”。直到1999年7月李登辉抛出“两国论”后，“两会”商谈才被迫中断。

尽管如此，“两会”成立以后促成了两次“会谈”，为增进两岸人民的交往提供了重要帮助，破除了一些障碍，两岸的商谈也开始进入了制度化管道，并通过商谈带动了两岸的交流和两岸关系的改善。在汪、辜二老主持下达成的一些协议和原则，至今仍然在发挥作用。事实证明，它们在促进两岸交流、两岸对话方面的作用是不容置疑的，两会在两岸商谈中的地位也是不可取代的。

四、“两会”商谈的延续和发展——从“汪辜会谈”到“陈江会谈”

2008年6月12日，中断近十年的“两会”商谈，在“九二共识”的基础上正式恢复了协商。6月13日，由大陆海协会会长陈云林和台湾海基会会长江丙坤签署了《海峡两岸包机会谈纪要》

与《海峡两岸关于大陆居民赴台湾旅游协议》（人们习惯称之为第一次“陈江会”）。这也是自1999年7月，两会商谈中断后的再度对话。在这“两会”中断协商的近十年间，两岸风雨不断。“两会”恢复往来，重启协商的大门，使两岸关系走上了正常的对话、协商的轨道，说明两岸关系确实发生了重大变化。

2005年时任中国国民党主席的连战先生访问大陆的“和平之旅”开始。从那时起国共两党开始了交流和对话，并以《新闻公报》的形式共同发布了“两岸和平发展共同愿景”，国共两党协商平台的建立为两岸关系的改善发挥了重要作用。

2008年3月，马英九先生赢得台湾领导人的选举后，表示愿在“九二共识”的基础上恢复两岸商谈，这为两岸关系的改善和深化奠定了基础。5月26日，中国国民党主席吴伯雄一行抵达南京。5月28日下午，胡锦涛总书记和吴伯雄主席会谈。双方共同确定了处理两岸关系的十六字方针，即“建立互信、搁置争议、求同存异、共创双赢”，从而为两岸“两会”尽快恢复商谈指明了方向。

两岸“党际”对话平台与“两会”事务性协商平台，实际上形成了促进两岸交流和沟通的双向渠道，在当前两岸关系的发展中，相辅相成，互相补充。

第一次“陈江会”后，2008年11月，双方在台北举行了第二次制度性协商，签署了两岸“空运直航”、“海运直航”、“邮件直达”、“食品安全卫生”四项协议。这标志着“两会”运作已从“汪辜”时代的政治象征性阶段跃升至两岸经济关系走向制度化的实践阶段。

2009 年 5 月，“两会”在南京举行了第三次制度性协商，签署了“定期航班”、“金融合作”、“司法互助”三项协议。前三次会谈，着重围绕两岸经济关系正常化、结束两岸经济交往无序和投资贸易行为单向的状态展开。与此同时，从关心两岸民众福祉出发，大陆组织了赴台旅游、赴台大规模采购等一系列措施的落实，针对国际金融风暴等，两岸共同采取了一系列务实性应对措施。

2009 年 12 月下旬，“两会”领导人第四次会谈在台中市结束。除了签署有关两岸渔船船员劳务合作、两岸农产品检验检疫合作、两岸标准计量检验认证合作等三项协议外，双方还明确把商签《两岸经济合作框架协议》，作为 2010 年上半年第五次两会会谈的重点议题，并为此尽快启动两会框架下的专家级磋商。

2010 年 6 月 29 日，受到两岸民众尤其是台湾工商界人士普遍期盼的《两岸经济合作框架协议》（简称 ECFA13）① 终于在第五次“两会”会谈中正式签署。两岸经济关系走向制度化有了良好开端，两岸经济合作从此迈向了新的历史时期。

除“两会”协商的主渠道之外，在 2000 - 2008 年之间业界还进行了有关“节日包机”等的商谈；2008 年之后，企业界之间进行“产品标准化”商谈等。在民间层面上，“企业对企业”、“行业对行业”的商谈一直持续不断。

不难看出，两岸经济关系从隔绝走向往来，从停滞走向发展，两岸的不同层次（包括企业、产业、行业）的协商也起到了重要

---

① ECFA：Economic Cooperation Framework Agreement. 13。

的促进作用。由此可见，两岸商谈有着坚实的民意基础。一旦“官方”协商中断后，两岸却会按不同的功能而追寻各种渠道，形成多种形式的商谈。所以说，两会商谈的真正动力来自于民众的推动，而商谈的结果也确实对民众有利。这些商谈也是建立和提升两岸互信的必要前提。从另一个角度看，实质上就是两岸从实际出发，不断地对制度、机制等进行了一系列的创新。显然，大

两岸“两会”商谈一览表（2008－2010 年）

日期地点	次别	议题内容	效果影响
2008 年 6 月 12 日－14 日北京	第一次	两岸包机大陆居民赴台旅游	签署纪要和协议标志新形势下两岸关系改善、发展有了一个良好开端
2008 年 11 月 3 日－7 日台北	第二次	两岸空运、海运、邮政、食品安全	签署两岸空运、海运、邮政、食品安全协议两岸基本实现（通邮、通航、通商）“三通”
2009 年 4 月 25 日－26 日南京	第三次	两岸空运补充协议、金融合作、共同打击犯罪及司法互助	签署两岸空运补充协议、金融合作、共同打击犯罪及司法互助三项协议，大陆企业赴台投资达成原则共识。预示两岸实现全面、直接“三通”
2009 年 12 月 21 日－25 日台中	第四次	两岸渔船船员劳务合作、农产品检疫检验、标准计量检验认证合作	签署两岸渔船船员劳务合作、农产品检疫检验、标准计量检验认证合作三项协议
2010 年 6 月 29 日重庆	第五次	两岸经济合作框架协议	签订 ECFA 为两岸经济关系正常化、制度化和自由化提供保障机制

资料来源：本表根据《人民日报海外版》2010 年 6 月 30 日报道绘制。

陆改革开放三十年，在推进两岸经济关系形成和发展过程中，制度因素起到了的关键性作用。

对于两岸来说，在非制度因素（如资源禀赋，包括自然资源、人力、技术等）都很充分的情况下，有效的制度创新不仅可以起到“破冰前行”的作用，而且更重要的是制度创新又会促使两岸资源的潜力得到最大化发挥。

第四章　两岸特色经济合作机制的建立

一、建立两岸特色经济合作机制

（一）背景

背景一：两岸特色经济合作机制是在两岸关系十分复杂的环境下逐步形成并在两岸的共同努力下得以实现的。

2002 年 1 月，在纪念“江泽民《为促进祖国统一大业的完成而继续奋斗》重要讲话发表七周年”大会上，时任副总理的钱其琛先生首次提出建立“两岸经济合作机制”的构想。

2005 年 4 月，中共中央总书记胡锦涛与时任中国国民党主席的连战在北京共同发布“两岸和平发展共同愿景”，提出两党将共同促进两岸经济全面交流，建立两岸经济合作机制。其后，两岸各界有识之士不断探讨和呼吁，两岸应以签署协议的方式建立两岸经济合作机制，实现两岸经济关系正常化，推动经济合作制度化。

2008 年 9 月，国台办王毅主任在第三届海西论坛上指出：机制（两岸经济合作）的运作，既要立足于当前，也应着眼于长远；既要体现两岸经济的特点，又要应适应两岸关系发展的需要，从而逐渐构筑起长期稳定的、具有两岸特色的互利双赢总体框架。

2007年，马英九在台湾大选时重提萧万长几年前提出的“两岸共同市场”的概念，遭到有关人群攻击为“一中市场”。马英九当选后放弃“两岸共同市场”的提法，提出两岸要签订“综合性经济合作协议”（CECA）①（简称CECA），又被有些人士刻意误导为CEPA②，台湾被贬低为香港第二，马英九和相关经济部门随后又采用新的提法称之为“两岸经济合作框架协议”（ECFA）③。其实，两岸签订的经济合作协议无论是叫CECA还是ECFA都与WTO原则基本一致，都具有自由贸易区（FTA）的性质、但是带有两岸特色。因此，什么名称并不重要，重要的是实质内容。

2008年12月31日，胡锦涛总书记在纪念《告台湾同胞书》发表30周年座谈会上的重要讲话，明确提出：两岸可以签订综合性经济合作协议，建立具有两岸特色的经济合作机制，以最大限

---

① 综合性经济合作协议，Comprehensive Economic Cooperation Agreement，简称CECA。

② 关于建立更紧密经贸关系的安排，Closer Economic Partnership Arrangement，简称CEPA。包括中央政府与香港特区政府签署的《内地与香港关于建立更紧密经贸关系的安排》、中央政府与澳门特区政府签署的《内地与澳门关于建立更紧密经贸关系的安排》。

③ “框架协议”是指签署正式协议之前所拟订的纲要，仅先定架构及目标，具体内容日后再协商，因为要协商签署正式协议旷日持久，缓不济急，为了考量实际需要，故先签署纲要式的“框构协议”，并针对攸关生存关键之产业，可先进行互免关税或优惠市场开放条件之协商，协商完成者先执行。

度实现优势互补、互惠互利。而在2010年农历春节到来之际，胡锦涛总书记又在福建看望台商时说："现在两岸正在商谈经济合作框架协议，这是一件促进两岸经济合作、实现互利双赢的好事。在商谈过程中，我们会充分考虑台湾同胞特别是台湾农民兄弟的利益，把这件好事办好。"

2009年12月，"两会"负责人在台中举行的第四次会谈中，同意将两岸经济合作框架协议列为第五次"两会"协商重点推动的议题。此后，"两会"专家分别于2010年1月26日、3月31日和6月13日，就两岸经济合作框架协议举行了三次工作商谈，对协议的名称、基本结构、建立商谈工作机制等问题取得了多项共识。双方同意，"协议"的基本内容涵盖两岸间主要的经济活动，包括货物贸易及服务贸易的市场开放、原产地规则、早期收获计划、贸易救济、争端解决、投资和经济合作等。2010年6月24日，"两会"领导人第五次会谈预备性磋商在台北举行，双方对两岸经济合作框架协议文本和附件均达成一致。2010年6月29日，两会领导人在重庆举行了第五次会谈，并签署了两岸经济合作框架协议（ECFA）。①

背景二：当前区域经济整合趋势对台湾不利。

通过图1、表1、表2可看出全球经济区域化趋势加快，大陆正在加速融入区域经济之中，而台湾则处于边缘化的态势。②

---

① 参考资料：新华网2010年6月30日报道。

② 资料来源：王健全：《ECFA的必要性及其对中小企业的影响与因应》，中华经济研究院（台湾），2009年11月8日。

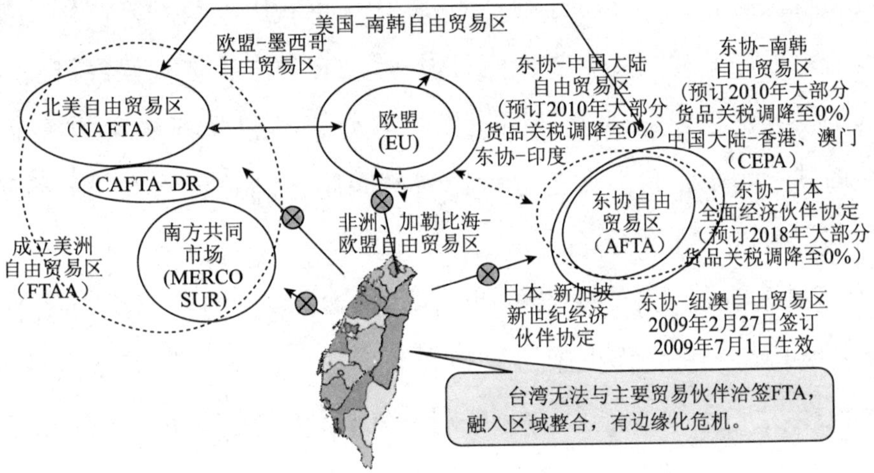

图 1　当前区域经济整合趋势

表 1　全球区域性经贸组织

名　称	成立时间	成员数
欧盟（EU）	1953 年（1994 年由 EC 更名为 EU）	27
北美自由贸易协会（NAFTA）	1994 年	3
亚太经济合作会议组织（AFEC）	1989 年	21
东协（ASEAN）	1967 年	10
美洲自由贸易区（FTAA）	1994 年启动，原计划 2005 年成立	34
南方共同市场（MERCOSUR）	1995 年	7
东南非共同市场（COMESA）	1981 年（1994 年更名 COMESA）	20

表 2　与台湾利益密切的几个主要贸易伙伴

签订“合作协议”（FTA）的情况

名称	时间
日本与东盟（EPA）*	2008 年 12 月生效，2018 年起有 91% 的货物贸易实施零关税。

续表

名称	时间
澳大利亚、新西兰与东盟（FTA）	2009 年 7 月生效，2020 年起有 96% 货品贸易实施零关税。
韩国与美国	2007 年 6 月签约（正等待两国国会通过）。
韩国与印度	2009 年 8 月签约，2010 年初生效。
韩国与欧盟	2009 年 10 月 15 日草签，2010 年 3 月正式签约，并已与智利、新加坡等均签署 FTA。
韩国与中国大陆已就商签 FTA 举办了五轮合作研究	
东盟与中国大陆货品贸易协定（10+1）	2010 年 1 月生效，大部分货品贸易实施零关税。
韩国与东盟货品贸易协定	2007 年 7 月生效，2010 年起有 90% 的货品贸易实施零关税。

* EPA 是一种包含全面内容的经济合作协定，不仅包括贸易自由化，而且还包括通关制度高效化等，涉及贸易通畅化、投资自由化、经济合作等多方面内容。日本希望通过推动 EPA，扩大日本企业的出口和投资机会，同时促进国内的结构改革。

由此看来，区域经济整合化趋势对台湾参与国际区域经济竞争呈现的压力必将日益增加。无疑，两岸签订 ECFA 必将为台湾对外经济交往打开方便之门。

建立两岸特色经济合作机制，是两岸经济关系正常化的客观要求，符合两岸人民的长远利益。从完整意义上来看，两岸特色经济合作机制应该包括三个方面的内容，即两岸经济关系的正常化、制度化、机制化。两岸签订《经济合作框架协议》（简称

ECFA）是两岸经济关系正常化之后的必然趋势。它的意义在于：首先，为来之不易的经济关系正常化提供制度保障，使两岸的经济交流和合作在互利双赢的前提下，沿着正常、有序、规范、可持续发展的轨道、朝向共同发展的目标运行；其次，签订《两岸经济合作框架协议》并非因为两岸都是 WTO 成员而事出必然，而是为了创造更加有利于两岸长远利益的经济合作环境，帮助台湾经济更有效地应对区域经济一体化所带来的种种压力，同时，使两岸有条件探讨产业共同发展的愿景，深化经济合作内容，提升合作层次，使两岸经济关系更加紧密，达到两岸人民利益最大化的目的。因此 ECFA 既符合 WTO 的原则，又具有两岸特色；再次，有利于进一步丰富和完善两岸经济关系的制度建设，并在已有的基础上不断探索合作双赢的新模式。因此，ECFA 是今后两岸经济关系制度化的良好开端。机制化应该是有不同层次和功能的机制，包括交流商谈机制、沟通协调机制、行政决策机制、相互救助机制、危机处理机制以及相应的评估机制等，目前还只停留在协商机制层面。两岸协商机制已有相当基础，即两岸“两会”制度，但该制度还比较脆弱，有待于完善、加强和提升。只有各种机制逐步完善地建立起来之后，制度化的效果才能更加彰显，达到这一步显然还有不少困难，还需要继续做出努力。ECFA 的签署标志着两岸经济合作关系进入了新的发展阶段，由此开创了两岸经济大交流、大合作、大发展的新格局，必将会为两岸携手参与新一轮国际竞争提供有力的支撑。

二、两岸特色经济合作机制的主要内容和特点

（一）两岸经济关系制度化是构建两岸和平发展框架的重要内容

从内容来看，ECFA 是两岸特色经济合作机制中最核心的和最重要的组成部分，它是两岸推进经济全面深入合作的特殊安排。其“两岸特色”首先表现在这是两岸建立在“九二共识”政治基础之上的成果，它不是国与国之间的经济合作协议，而是两岸之间的基于平等互利原则上的培养互信的平台“相互体谅”不“斤斤计较”，所以决不是利益交换的平台。因此两岸特色的经济合作机制在合作的内容、原则、定位、方式、深度、广度等方面都与一般的经济合作机制不尽相同，如“协议”中大陆单方面同意台湾农渔产品进入大陆，并有十八种农渔产品列在早期收获清单中，这些产品的平均税率按 2009 年规定达 13.3%，而从 2011 年起，三年内降至零关税。充分体现了两岸同胞是“血脉相连的命运共同体”，“中国是两岸同胞的共同家园”的重要理念。它正是两岸和平发展框架中最为基本的元素。恰与美国在台湾进口“美牛”一事形成了鲜明的对比。

胡锦涛总书记曾在纪念《告台湾同胞书》发表三十周年的讲话中提出了“三个有利于”的战略思路，即“建立更加紧密的两岸经济合作机制进程，有利于台湾经济提升竞争力和扩大发展空间，有利于两岸经济共同发展，有利于探讨两岸经济共同发展同

亚太区域经济合作机制相衔接的可行途径”。国务院台办王毅主任也提出“四个有利于”：“只要有利于两岸关系和平发展，有利于为两岸同胞谋福祉，有利于两岸经济共同繁荣发展，有利于缓解台湾饱受世界金融风暴冲击所带来的暂时的经济困难，我们都会持积极态度。”可以说，这些论述的精神已在两岸经济合作框架协议中反映出来。显然，ECFA 从这个意义上说，与其他 FTA 的特点有本质不同，所以签订 ECFA 是两岸经济关系发展过程中的又一次制度创新。

（二）两岸特殊关系下的两岸特色经济合作机制

2008 年以来，两岸关系发生了重大积极变化，双方已经逐步形成良性互动态势，两岸关系步入和平发展轨道。今后一个时期，两岸逐步构建起和平发展的新框架，将为两岸同胞谋福祉，为台海地区谋和平，维护中华民族的整体和长远利益作出贡献。

鉴于两岸的特殊关系，两岸经济合作的政策、给予对方的待遇等方面，都具有自身的特色。例如，两岸间的经济合作早在 20 世纪 90 年代中，台商来大陆投资就开始执行“同等优先、适当放宽”的政策，ECFA 的签署使两岸特色更加凸显。今后经过若干年的努力，完全有可能在一定条件下或一定范围内，彼此将对方的投资视为内资，给予并非 WTO 意义上的“国民待遇”，实质上是一个国家内部的“居民待遇”，彼此将对方的商品视为内贸品，等等。当然，这些涉及更深层次的对台政策的调整，目前条件并不成熟，但我们认为这是两岸和平发展逐步推进的必然趋势。而两岸通过签订 ECFA 开始走向制度化，将有助于推动这一趋势的进程，因此两岸签订 ECFA 成了构建两岸关系和平发展框架的重要内涵之一。

（三）两岸经济合作进程具有跨阶段交叉发展的特性

在 ECFA 的背景下，两岸经济合作进程具有跨阶段交叉发展的特性。目前，世界区域经济一体化蔚为风潮，WTO 成立以来，区域贸易协定的签订数量就已经超过了 300 多个，大部分签署的都是自由贸易协定（FTA）。像两岸之间经济联系这么紧密的经济体都早已签订了区域贸易协定，因此，建立两岸经济合作机制可以充分借鉴已有的经验，避免走“弯路”。但是，两岸间由于多年缺乏交流，在贸易、投资以及人员往来等方面还存在诸多不合理的限制，经济关系并不正常，这些限制严重制约了台湾有关产业的发展，尤其是对台湾金融业、其他服务业和农业发展的影响最大。因此，在过去几年，大陆方面单方面采取了若干有利于台湾农业生产和台湾农民生活的优惠措施，如增加农产品采购、对部分农产品实施“零关税”，还有开放会计师、律师、医师等资格考试，而这些安排一般是在达到“自由贸易区”的阶段才会实现。不仅没有遵循双方彼此“对等”开放的原则，相反却考虑到对方的需求不同而采取了相应的措施满足台湾相关民众的需求。

这些实例表明，两岸间的经济合作机制进程不是完全按照自由贸易区、关税同盟、共同市场、经济一体化的惯常顺序发展，而会是根据两岸经济发展需要的现实情况，按照互惠互利的原则在可以加快合作的方面就加快合作，暂时不能推进合作的方面就予以放缓，从而将出现上述不同阶段在不同产业、不同层面的杂糅，形成跨阶段交叉发展的状况。

两岸之间签订经济合作框架协议，本身就是台湾参与亚太区域经济合作的组成部分，并“有利于探讨两岸经济共同发展同亚太区域经济合作机制相衔接的可行途径”，因此，大陆并非希望借此“套死”台湾，并非希望将其作为“引君入瓮”的策略；相反，大陆希望在此基础上，通过有效的合作，在两岸经济共同发展的过程中增加互信，为台湾地区与东盟及其他亚太区域经济合作机制相衔接做好恰当安排，并进一步为选择可行途径和合作方式创造条件，例如近期台湾正在与新加坡等商谈 FTA 就是一个明证。

（四）两岸经济合作机制中，有些政策可在特定地区内先行、先试

两岸间的政治、经济体制都不同，两岸人民，特别是在台湾部分民众中对于经济合作机制的认知还有较大差异，所以两岸加强经济合作的很多做法应该特别慎重。另外，由于大陆地区发展水平不均衡，差异太大。因此，除了有两岸经济合作框架协议所一致同意的内容之外，还可以根据需要，选定若干地区对有关政策先行、先试，积累经验后再全面、深入地向前推进这是非常必要的。

2009 年，国务院批准大陆海峡西岸经济区（简称“海西”地区）作为两岸先行、先试的区域，这是推动建设具有两岸特色经济合作机制的一个战略构想。随着“海西”地区的逐步发展，必将对两岸经济合作机制更加完善提供十分丰富而有益的经验，更有利于在两岸合作中增加互信。

三、以建构两岸“命运共同体”为战略定位，全面深化合作关系

胡锦涛总书记在十七大报告中提出：十三亿大陆同胞和两千三百万台湾同胞是“血脉相连的命运共同体”，“中国是两岸同胞的共同家园”。两岸息息相关、一损俱损、一荣俱荣。“两岸经济同属中华民族经济，大陆经济搞好了，对台湾有利，台湾经济搞好了，又对大陆有利”。①

显然，这样的战略定位完全不同于现今世界上各种类型的“伙伴关系”。马英九先生也曾提出，两岸应“同舟共济，相互扶持，深化合作，开创未来”。看来，“命运共同体”与“同舟共济”有异曲同工之妙，这就决定了两岸的经济合作所具有的特殊含义，为两岸人民赋予了振兴中华重大历史使命。

（一）两岸特色的经济合作机制，以最大限度实现优势互补、互惠互利为原则

二十多年来的实践表明，两岸经济合作确实有很大的互补性，而互利是最基本的，但并不表明两岸经济合作中不存在竞争，而且有时竞争还十分激烈。因此，建立两岸经济合作机制可以有效地协调竞争和合作的矛盾。胡锦涛总书记关于“三个有利于”的论述，将“有利于台湾经济提升竞争力和扩大发展空间”放在了

① 王毅：王毅会见海基会董事长江丙坤时讲话，《人民日报海外版》2010 年 6 月 30 日。

首位，这并非偶然。从这种排序中可以看出大陆处理两岸“竞合”关系的原则。这个原则就是在处理两岸之间利益的时候，若能实现双方的共同发展，大陆肯定会努力去做；一旦在短期内更有利于台湾民众，就会因为双方是“血脉相连的命运共同体”，大陆同样会全力以赴去做，这个原则正是建立在两岸“命运共同体”战略定位的基点之上的。

（二）两岸经济合作的广度和深度要大于一般的经济合作机制

除了欧盟外，世界各区域经济合作组织主要是通过政府之间签订区域经济合作协议，降免关税以及消除货物、资金、人员流动、服务贸易的障碍等，为成员各方的经济合作确立制度性规范，并依靠跨国公司的力量，根据市场原则在区域内实现贸易、投资等方面的经济合作。但是，对于两岸来说，要提升台湾经济的竞争力，扩大其发展空间；要促进两岸经济共同发展、增进两岸人民的福祉；要提升整个中华民族的整体利益和长远利益，仅仅这些方面的合作是远远不够的。两岸还需要更加紧密合作，共同提高技术的自主创新能力，形成自主品牌，共同开拓国际市场、制定产业的共同标准等，这就在客观上要求双方进一步加强产、官、学、研、金全方位的经济合作关系，并在此基础上逐步将两岸经济关系推向完善的制度化和有效的机制化的新高度。

（三）ECFA 继承和发扬了中华优秀传统文化

ECFA 继承和发扬了中华优秀传统文化，为两岸经济合作的长远发展注入了动力和活力。中华文化是中华民族生生不息、团结奋进的不竭动力，是两岸人民共同的“根”，正如温家宝总理所说：中华文化“具有强大的震撼力和凝聚力”，两岸经济合作是以经济为主要内容，但却是以共同的中华文化为纽带，紧紧地连接在一起的。平等协商、尊重差别、理解包容和互利互惠是此次ECFA协商过程中贯彻始终的指导思想，对弱势产业以及中小企业利益的保护都得到了关注和重视。为经济合作机制不断注入中华文化因素，形成共同的价值观，不仅有利于双方“求同存异”，和“共创双赢”从长远看，这会推进“聚同化异”有利于两岸经济合作机制的完善，并能成为两岸经济合作长远发展的推动力。

（四）ECFA有利于完善有中国特色的社会主义经济体系

两岸间的经济合作本身是大陆对外开放的组成部分，由于两岸间经济合作的特殊性其广度和深度要大于一般的经济合作，所以这些合作要落到实处，就可能需要相关的经济体制改革和政治体制改革措施与之配合，需要将扩大对外开放与深化对内改革相结合。著名经济学家吴敬琏曾指出：“加快完善社会主义市场经济体制，其中关键的关键，是加快政府职能转变，建立有限和有效的政府。”① 而政府改革的实质是政府的自我革命，白我革命往往是比较困难的，会受到旧体制内维护既有权力和利益“分利集团”的阻挠。只有当一定的外力出现时，才容易打破“分利集团”的

① 吴敬琏：《中国增长模式抉择》，上海世纪股份有限公司远东出版社，2006年版，第141页。

阻挠，推进政府的自我革命。两岸深层次的经济合作恰恰是一种重要的外力，有利于推进大陆相关的改革。从这个意义上说，30多年来为了协助台商在大陆发展，为了加预两岸的经济合作关系，大陆采取了相关的配套改革措施是大陆中国特色社会主义的组成部分，有利于大陆市场经济体制和政治体制的进一步改革和完善。

1949年两岸分离以来，台湾因较早参与世界产业分工，创造了台湾的“经济奇迹”。大陆虽曾深受计划经济模式的影响，但改革开放以来，同样创造了连续三十年经济高速增长的“经济发展奇迹”，只要两岸在经济合作的过程中，充分利用中华民族的智慧，借鉴两岸经济建设中的经验、教训，那么就有可能开创出两岸共有的“经济模式”，这将不仅有利于大陆建设有中国特色社会主义，有利于实现一百多年来无数中华儿女梦寐以求的实现民族繁荣、富强的理想，而且也将是中华民族对世界经济发展作出的一个巨大贡献。

四、签署ECFA是台湾经济利益“最大化”的根本出路

（一）有利于台湾产业拓展市场，扩大就业

协议签署为两岸经济关系正常化、制度化、机制化提供了重要保障，有助于建立投资双向化、形态多元化、产业链合作化的新模式，有助于两岸最大限度地实现优势互补，共同维护和拓展中华民族整体利益。“降低两岸物流、人流和资金流的成本，让两

岸同胞享受到更多物美价廉的商品和服务，在大陆台商将获得更为有利的发展环境，陆资逐渐入岛也将为台湾社会创造就业机会”。①

台湾“经济部”曾表示，签署 ECFA 总体影响为正。另外，根据台湾“中华经济研究院”2009 年所做的评估，签署 ECFA 之后，台湾经济增长率可望增长 1.65% －1.72%，而台湾未来七年内总就业人口可望增加 21 万－26 万。ECFA 犹如一个篮子，只要对两岸人民有利的内容都可以往里装，装得越多、越丰盛，两岸人民得益就越大。这个篮子也可以说是个“保护伞”，可以保护两岸已经取得的经济贸易合作成果。而需要进一步合作的内容，只要引入 ECFA 之中，就有了共同遵守的义务，大大降低了合作的风险，这无疑对两岸经济的稳定和发展提供了有力保障。

（二）为保护台商在大陆的利益和进一步扩大台湾的贸易空间创造了条件

仅以与韩国在中国大陆的竞争态势作一分析，从图 2 可看出，韩国商品在中国大陆市场的占有率由 1993 年的 5.2% 上升到 2008 年的 9.9%，台湾商品在大陆市场的占有率则由 1993 年的 17.7% 下降到 2008 年的 9.12%。双方的产品同质性较高，竞争性很强，在大陆市场此消彼长已成事实，如今两岸签订 ECFA，首先是“早期收获”会为台湾商品在大陆市场抢得先机，台湾就可赶在韩国之前享受降、免关税待遇，从而降低了成本，提高了竞争力，就

① 王毅会见海基会董事长江丙坤时讲话，《人民日报海外版》2010 年 6 月 30 日。

有可能在保持市场份额的基础上进而扩大市场。而其他商品也同样受惠于ECFA，逐步享有降、免税待遇，否则，台湾产品若想在大陆市场上继续保持竞争力是相当困难的。

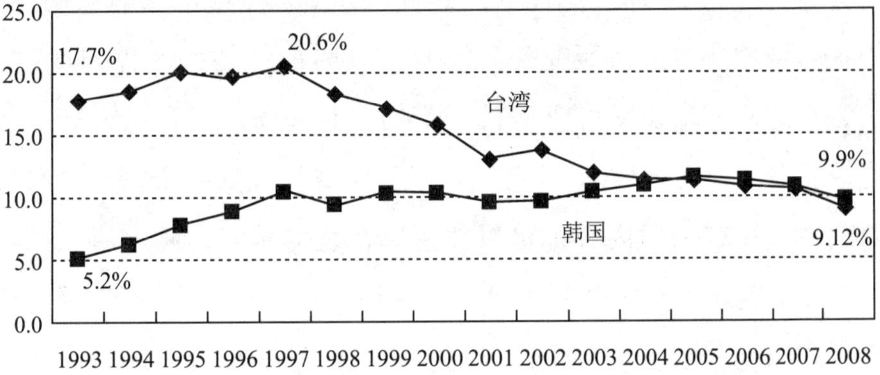

图2　台湾地区和韩国在中国大陆进口市场的占有率比较

资料来源：台湾“经济部”国贸局。

（三）台湾可借ECFA之力提升自身竞争力

在国际经济区域化特别是东亚经济区域化的冲击下签署的ECFA，不应该是迫于形势而采取的消极应对之计，应该是台湾“借机”、“借力”积极寻找出路、善待自己的良好之策，“捡回”失去的发展机会，重新在区域经济舞台上崭露头角。1993年，台湾经济部门曾经提出过把台湾打造成“亚太营运中心”的计划，但由于对大陆不开放“三通”，连两岸直航和资金正常往来都无法进行，最终“胎死腹中”。两岸签订ECFA之后，有条件、也有可能推进两岸贸易更大发展，台湾有关产品不仅能保持在大陆市场的占有率，以便应对东盟10+1的格局，台湾还可以进一步开拓大陆市场，并可望成为外商进入大陆的优先合作伙伴。而台湾成为跨国企业“全球创新中心”及实行“亚太经贸区域性枢纽”的最佳选择并非梦想。据了解，目前日本、加拿大等一些大型企业纷纷探讨在台湾投资设厂或建立研发中心的可能性。其目的，是想利用台湾企业在大陆的人脉关系，与台湾厂商合作，借助其在大陆的影响力，共同谋利。尤其在两岸实现“三通”以后，台湾至大陆诸多城市一小时经济圈的形成，来往既快捷又便利。试想，任何一家跨国企业在台湾设立运营总部，一方面能指挥企业运营，另一方面又能研究大陆经济，寻求更大商机，两全其美，岂不是上上之策。同时由于签署 ECFA 之后，台湾经济“借船出海”的机会到了，台湾的对外经贸关系会更加活络，有了与国际市场更多的交流机会，台湾完全有可能成为连接东南亚等地的枢纽中心。

国家“十二五”规划【全名为“国民经济和社会发展第十二个五年规划”（2011 年 – 2015 年）】的商机与两岸和平发展环境相伴而生。

1. 两岸和平发展的良好势头，大陆为台湾经济发展创造和提供了无限商机。

早在 1990 年，国家第八个五年计划到 2006 年第十一个五年规划，这 15 年间正是大陆经济高速发展的重要历史时期，商机无处不在，只是由于众所周知的原因，台湾无法了解，更被限制参与，而大量宝贵商机被外商抢先占据了，制造业比服务业受到影响少一些，受损最为严重的是金融业。今天情况不同了，两岸进入和平发展新时期，不仅有条件来共同探讨大陆新一轮五年规划为台湾民众带来的机会，而且有可能取得大陆方面最有效的帮助和支持，使商机不仅看得见、摸得着，还可以咬得动、吃得进。

2. ECFA 新时期为两岸和平发展增添了新动力。

2010 年，两岸在协商签订 ECFA 的同时，多种有利因素已经促成了两岸贸易额的急剧上升，可以说在事实上 ECFA 效应已经呈现。2010 年，两岸贸易达 1453.7 亿美元，比 2009 年的 1062.3 亿美元增长 36.8%，台湾从对大陆贸易中获得了 860.1 亿美元的顺差，据测算，仅此一项占台湾 GDP 19.37%，可为台湾增加 53.75 万人就业。

大陆实行的是“中国特色社会主义”，走的是具有“中国特色的市场经济”道路，“规划”就是奋斗目标，还要具体化为“计划”。ECFA 在大陆方面已写进“十二五”规划，这是两岸经济关系进入制度化的重要标志，进入了相互日益紧密合作的阶段。随着货物贸易关税互减互免，以及各项服务贸易开放，产业合作深化，投资保障等协议相继签订，“十二五”规划将带给台湾的不仅是单纯的商机，而是在两岸原有“结合”基础上新的腾飞。

国家“十二五”规划中，把发展战略性新兴产业列为重中之重，相应的政策鼓励必然会迅速到位，这是台商切入“十二五”规划的又一个重要的思考方向。大陆提出“七大战略性新兴产业”①，具有技术知识密集，既节能又环保，发展前景宽广和综合效益好的特点。例如，节能环保到 2020 年将成为大陆国民经济的支柱产业，这是适应全球气候变化和产业绿化的重大战略举措，在“十二五”期间，大陆环保投资将达 3.1 万亿元人民币，

---

① 七大战略性新兴产业：节能环保、新能源、新材料、生物、新能源汽车、新一代信息技术、高端装备制造。

比“十一五”期间的投入增长121%。两岸“优势互补、互利双赢”是永远的主题，台湾产业的优势总体上说是规模小、产业精、适应性强、机制灵活，而大陆的优势在于规模大、品种全、成本低、系统整合功能强。大陆根本无意要通过合作来占领台湾的市场，而是希望共同成长后走向世界，造福两岸人民。因此，在今后的合作中企业除了要衡量自身的优劣势，更要统筹考虑，并充分利用两岸的资源，着力完善产业链、调整供应链、提升价值链，由此在两岸做好合理的布局，以实现共同增强竞争力的战略目标。①

（四）两岸签署 ECFA 在岛内引起的争论

两岸签署 ECFA 前后在岛内引起了许多争论。争论的焦点主要集中在以下几个方面：一是台湾对大陆贸易依存度太高易被大陆“控制”，甚至丧失“事实上的主权”；二是 ECFA 对台湾大企业有利，对中小企业和劳工造成严重冲击；三是台湾不能开放太多，否则台湾要被大陆“吃掉”。

对于以上几点疑虑我们想在下面作一点说明：

其一，关于台湾对大陆贸易依存度太高，所谓丧失“事实上的主权”一说。

随着中国大陆经济迅速崛起，世界上不少国家和地区与中国大陆的经贸关系日益密切是不争的事实，让我们看一下表3、4、5中中国大陆与韩国、日本以及台湾地区的贸易变化情况。

① 刘震涛：《大陆“十二五”规划，台湾商机何在?》2011年2月16日台北研讨会发言。

表 3　台湾对大陆贸易依存度和进口市场占有率

	2002	2003	2004	2005	2006	2007	2008
台湾对大陆贸易依存度	19%	20%	22%	23%	25%	26%	26.1%
台湾对大陆出口占大陆进口总额比重	13%	12%	12%	11%	11%	11%	9%

资料来源：台湾“经济部”数据，作者计算得到。

表 4　韩国对中国大陆贸易依存度

	2002	2003	2004	2005	2006	2007	2008
韩国对中国大陆贸易依存度	—	—	24.5%	27.0%	27.9%	27.9%	26.6%
韩国对中国大陆出口占中国大陆进口总额比重	9.7%	10.4%	11.1%	11.6%	11.3%	10.9%	9.9%

资料来源：分别来自 WTO 组织公布和大陆统计局公布数据，作者计算得到。

表 5　日本对中国大陆贸易依存度

	2002	2003	2004	2005	2006	2007	2008
日本对中国大陆贸易依存度	—	—	16.7%	16.9%	17.9%	18.8%	19.3%
日本对中国大陆出口占中国大陆进口总额比重	18.1%	18.0%	16.8%	15.2%	14.6%	14.0%	13.3%

资料来源：分别来自 WTO 组织公布和中国大陆统计局公布数据，作者计算得到。

从表 3、4、5 可得出如下结论：

（1）虽然台湾对大陆的出口依存度在上升，由 2002 年的 19% 上升到 2008 年的 26.1%，但在大陆进口市场的比重却在下降，2008 年的 9.13% 比 2003 年的 12.9% 下滑了近 4 个百分点。这表明，台湾在大陆市场的占有率在下降，台湾总出口量增长缓慢，这是台湾出口乏力而导致下降的警讯，而签署 ECFA 恰恰对提升台湾的总体出口能力有很大帮助。所以应该警觉的，倒不是台湾对大陆出口依存度有多高，而是台湾在大陆市场的占有率迅速下滑的问题。自2005年以来，台湾在大陆进口市场占有率由排名第二落至第四，同时呼应了台湾地区在全球出口排名五年内由第十五滑落至第十八的状况，这说明台湾出口竞争力在下降是关系到台湾能否融入全球新竞争体系的重大问题，值得思考。

（2）韩国对中国大陆的出口依存度在上升，且进口比重虽然有波动，但总体上是上升趋势，说明韩国的总出口量与在中国大陆进口市场中所占的比例中基本上是同步增长的。

（3）日本对中国大陆的出口依存度在上升，其他与台湾情况相似。

以上数据表明，与台湾利害关系密切的日本和韩国对中国大陆出口依存度都在上升，看来这是一种趋势，并非台湾一家所特有。

（4）事实说明：市场的力量是不可抗拒的，台湾要减少对大陆的依存度，只有增加总的出口。如果不签署ECFA，台湾不仅保不住在大陆原有的市场份额，更谈不上扩大出口，这是一个简单易懂的道理。

（5）韩国和日本对中国大陆的贸易依存度都在增加，但并不存在所谓谁“控制”谁的问题，相反，他们还希望要加快与中国大陆建立更紧密的经济合作关系包括商签（FTA），这说明中国大陆经济的快速增长为他们提供了更大的发展空间，他们却在不断的争取机会。

（6）依存历来都是双向的、相互的。进入大陆的台湾商品，大多是台湾方面为大陆台资企业提供的原材料、中间产品和零部件，还有生产用的机器设备等，大都不是终端产品，应该说，只是台湾产业内的供应关系。这些从台湾进口来的商品，又在大陆组装成终端产品行销全球，这岂不是通过台商既拉动了台湾的出口，又拉动了大陆的出口，表明台商为两岸经济发展都作出了贡献，所以从某种意义上说，大陆经济对台湾的依存度也是很强的，但大陆并非认为由此而被台湾“控制”了。事实上，两岸经济合作给双方带来了互补互利、双赢的结果。

我们认为，所谓丧失“事实上主权”的说法就是走“回头路”的心态反映。古云“以小事大，智”，两岸相比，“大陆大，台湾小”，两岸相处，台湾靠的是“智”，智乃心明眼亮也，就是要充分利用大陆的优势。目前，中国大陆综合经济实力快速增强，消费能力、外汇储备、进出口贸易快速成长，中产阶层正在逐步形成。了解这个大趋势，有利于看清 ECFA 对台湾经济产生的深远战略意义。1993 年，中国大陆的 GDP 只有 35334 亿人民币、外汇储备 211. 99 亿美元、进出口额 1957. 0 亿美元。2008 年，中国大陆的 GDP 达 4. 32 兆美元（约 30 兆人民币），是 1993 年的 8 倍多，接近日本（4. 92 兆美元）；外汇储备约两兆美元，是 1993 年的 10 倍，居世界之首。中国大陆内需市场从 2002 年的 42127. 1 亿人民币增加到 2008 年的 108487. 7 亿人民币，是 1993 年的 2. 6 倍；2008 年总进口 11330 亿美元，占世界商品贸易总值的 6. 9%。

大陆经济快速发展对台湾经济的影响主要表现在两方面：一方面，满足国际市场的需要，成长了一大批台湾出口大企业，使台湾外汇持续增加，拉动了台湾的 GDP 增长；另一方面，内需不断扩大，造就了一大批以内销为主的台湾大企业。中国大陆既是“世界工厂”又是“世界市场”，谁也不愿意放弃市场这个“大饼”。两岸 ECFA 的签订，正是为台湾经济开辟了新路。

其二：关于“所谓 ECFA 只对大企业有利，对中小企业和劳工照顾不够”一说。这种说法有两种可能性，一是心存敌意而持此观点，对此我们不做评论；二是不了解全面情况而产生误解，对此应作些分析。首先，据台湾“中研院”测算，两岸签订 ECFA 之后，劳工可增加 26 万人左右①，这是直接的效果。大企业利益得到进一步发展的机会，但也是需要人工去做出来的，两者不能对立起来，而且企业具有社会性，大企业有更多的社会责任。一般来说，大企业是上市公司，企业兴旺带给股市利多，对全民有利，而企业增加出口可以带动服务业等等。ECFA 签署之后，对于部分可能要受到冲击的中小企业，一方面采取必要的措施，加以辅导实现企业转型升级；另一方面，对暂时失业的工人要加以适当的补助和培训，提升员工素质，为再就业创造条件。值得注意的是，随着产业结构不断调整而引起的失业属于结构性失业，它与总体需求不足造成的失业是不相同的。

其三：台湾市场不能开放太大，否则台湾要被大陆“吃掉”。持此观点的人士认为：一旦开放市场后台湾产品会受到挤压，尤其是餐饮业。因为欧美国家与大陆因文化不同则不会占领台湾市场。

其实台湾许多产业在大陆市场占有较大份额。就食品和餐饮业来说，台湾的市场竞争力远远强于大陆。统一、康师傅、旺旺、大成、龙凤、元祖、永和豆浆、鼎泰丰等食品企业在大陆几乎无人不晓。2009 年方便面在大陆市场占有率仅“康师傅”一家就占

① 资料来源：台湾中华经济研究院 2009 年所做评估。

了 54%，茶饮料约占 48%。

大陆人口是台湾人口的六十倍，大陆从来就没有把占领台湾市场看成是主要目标，从两岸产品的竞争力和互补性来看，大陆也不可能完全占领台湾市场。

ECFA 是在 WTO 原则之下的一个国家内部两个地区间的经济合作，为了让合作环境尽量宽松，大陆方面期待台湾能首先按照 WTO 的精神实现两岸经贸合作的完全正常化。目前，台湾方面出于种种顾虑，设置了关税以外的贸易和投资限制，禁止与大陆贸易的农工产品还有 2000 多项，对此，相当多的大陆同胞有一种“被歧视”的感觉。这样一来，在客观上，无法让大陆向人民说清楚“为什么在两岸开放度很不对称的情况下，单方面做出太多让步”。其实，即使台湾完全取消对大陆产品的限制，大陆也会充分考虑到台湾在农产品、劳务输出等敏感问题上的市场容量和民众承受能力，相信会作出非常妥善的处理，大陆也绝不会为了一己之利而做出伤害台湾人民的事。究竟怎么操作对台湾更有利，有待台湾当局和各方面有识之士慎重考虑。

综上所述，台湾要用全球战略的眼光，要有宏观的思维，把发展战略目标定位为发挥台湾的优势，做好全球布局，努力成为世界强者。若要捕捉机遇，那就可将大陆作为台阶，把走向大陆作为走向世界市场的第一步。

第五章　两岸经济关系发展中的力量分析

通常把两岸经济关系形成和发展的过程简单地概括为“两岸经济关系是在复杂的环境下曲折地发展起来的”。经过 20 多年的实践。回过头来看一下，“复杂环境”和“曲折发展”的内涵可以用几种力量之间的“博弈”和“消长”来作解释，这有利于大家更清晰地看出两岸经济关系发展历程是在诸多因素的作用下形成的，这也回应了为什么两岸经济关系正常化、制度化都带有与众不同的“两岸特色”。相信这对于继续推动两岸经济关系在和平发展新形势下开创新局面会有些启发和帮助。

一、动　　力

一般来说，投资按照动机可以分成两大类，其一是“垂直投资”，即根据不同禀赋的经济要素（土地、劳动力、资本、科技等），降低成本为主要目的；其二为“水平投资”，即以扩大或寻找新市场为主要目的的投资活动。毫无疑问，台湾投资者也主要出于以上两种动机形成了投资的最原始驱动力。众所周知，20 世纪 80 年代，台湾外向型经济发展迅速，与韩国、新加坡、香港并列为“亚洲四小龙”。但随着新台币快速升值，劳力不足和工资上升，出口竞争力遭到威胁。恰在此时，台湾当局开放探亲而引发了向大陆投资的热潮，尽管台湾民众对大陆并不十分了解，但土地、劳力便宜的消息不胫而走，以外销为主的台湾中小企业逐渐将企业搬到大陆，并成为不可阻挡之势。1989 年前后，台资企业以传统产品为主，产品的技术层次较低、资金并不密集，投资项目的平均规模只有 70 万美元左右，但是他们在大陆改革开放 30 多年的自我奋斗中有些不乏成长为大企业。1992 年开始到 1997 年，以扩大大陆市场为主要目标的台湾大企业开始到大陆投资，投资的产业虽然以传统的食品、水泥等为主，但使整体投资项目平均规模跃升到 100 万美元以上，从投资规模和影响力来看，逐渐超越中小企业而成为主力。因此，整体来说，台商队伍开始形成了以中小企业为基本力量、大企业为骨干力量的“大陆利益群体”。其实“大陆利益群体”是相对于在岛内尚未到大陆的企业而言的。来大陆的台商都受益于在大陆的经济活动，同时他们在大陆的经济活动对其在台湾的经济活动中也产生了多方面的而且是越来越大的积极影响。一个直接的效果是目前在台湾股票市场上台湾民众普遍关注和看好“大陆概念股”①，因为大企业大多是台湾的上市或上柜公司，他们在大陆投资所获得的利润成为提升台湾股市的重要因素，这是“大陆利益群体”对台湾民众利益的直接回报。台商投资动机不管属于什么类型，也不管是大企业或

---

① 台湾上市、上柜公司中投资大陆的企业位于某一板块的指数，随着大陆经济走势的变化而起伏，已成为台湾股民投资股票市场时最为关注的动向，这些向大陆投资的台湾上市、上柜公司的股票称之为“大陆概念股”。

中小企业，本质上都是在市场力量的推动下产生的投资行为，可以称其为两岸经济关系中的“动力”。

这股动力是形成和发展两岸经济关系的基本力量。早期由于两岸关系中政治、经济、社会等不确定性因素太多，而且两岸因长期阻隔，相互了解非常不够，可能出现的各种风险比较大。所以台湾中小企业成了先行者，他们为了开创企业的“第二春”，利用市场主要在海外的有利条件，在大陆只需要一块地盖上厂房，把台湾的设备搬过来，就可以生产了，与大陆的关系比较单纯，所以在一开始抱着试试看的态度，毅然跨过海峡来到大陆投资，但在“试水”成功后，一传十、十传百，形成蚂蚁雄兵之势。但是，大企业则不然，虽然大陆的比较优势日渐凸显，但持观望态度者居多，不敢贸然前来。同时，台湾当局对大企业到大陆投资受到的限制远比中小企业严厉得多，到大陆投资还会冒一定的政治风险，许多台商只能将投资规模以大化小来蒙混台湾当局。同时，大陆在当时引导外商投资的政策导向主要是鼓励所谓的“两头在外”，每个投资项目都必须首先做到外汇自身平衡，而台湾大企业投资主要目标为大陆市场，包括两个方向：其一直接面向大陆消费群，其二直接向已在大陆投资的下游台资企业供应在台湾生产的原材料或零部件。因此，投资项目通过大陆有关部门审批这一“关”比较困难，这种尴尬局面正像一位大企业负责人所说，“我们偷着跳下台湾海峡，等游到大陆，却又很难上岸，岂非只有淹死”，这段话道出了当时大企业家急于要突破障碍进入大陆的迫切心情。由此可见，大企业是在中小企业得利之后受到鼓舞，被他们“拖”进来的。

大企业的进入也大大促进了产业链的形成，产品上下游供应关系更加紧密，产业竞争力得到明显提升，从而使两岸经济关系发展的动力不断增强。随着时间的推移，台资中小企业在大陆产生了分化，不少企业做大做强，甚至发展成超大型企业，例如富士康、顶新、旺旺、捷安特等，他们的成功主要得益于大陆市场不断扩大、产品更新快、品质好、经营模式不断创新，或实现转型升级成功等等，也有一部分中小企业因技术落后或经营不善被淘汰出局。作为动力组成范围内的大、中、小台资企业之间并非一成不变，这就好像能量可以转化和传递一样，而是此消彼长的，但台资企业总体却是越来越壮大，就像能量是不灭的道理一样。这种现象告诉我们，只要台资企业总体上在大陆取得成功并不断发展，则两岸经济关系的动力就不会消失而会永远保持活力。由此也可以得出结论，大陆应当千方百计支持办好已有台资企业，这就等于是保持了两岸关系和平发展的基本动力。所以台资企业随着形势的发展不断增强竞争力，对于保持两岸关系长远稳定的和平发展具有重大的战略意义。

二、阻　　力

台商投资大陆在一开始就受到了台湾当局的阻挠，从最初的严格“禁止”到“间接、单向”开放，之后祭出了“戒急用忍”政策，后又调整为“有效管理”，坚持“投资上限”的限制，对投资项目由“正面列表”到“负面列表”，坚持不完全开放等。上世纪九十年代中期为了降低台商投资大陆的热情，台湾当局特别制定了优惠的“南向政策”，鼓励和引导台商到东南亚各国去投资，致使台商投资大陆受到干扰和制约，在资金流通、技术合作、人员往来、货物运输和服务贸易方方面面都受到影响。台湾当局制造的不利环境使台商在大陆与外资相比，在资金等诸多方面存在着严重的“先天不足”，更严重的是由于“阻力”太大而迫使企业不敢到大陆投资，错失机会、竞争力减弱，给台湾总体经济发展带来了负面影响。

当然，任何一个经济体，为了保护自己的产业，维护自身的经济利益，对外采取必要的防范措施是完全正常的和必要的。但是在两岸经济关系中台湾当局的限制政策明显有违常规，是将经济问题过度政治化的一种自我设限，伤害到了台湾自身利益，也使两岸经济关系被严重扭曲。20 世纪 90 年代初，台湾经济部门曾提出把台湾建设成“亚太运营中心”的战略设想最终落于流产就是“搬起石头砸自己脚”的直接后果，我们把这种干扰称之为两岸经济关系中的阻力。

阻力和动力也有互动，更多的是博弈，在形式和力度上也时有“弹性”，这反映在两岸经济关系宏观层面上，政治考量成为主要因素，就是“政冷经热”现象，这是阻力的特点。例如，对台贸易，由 1991 年的 58 亿美元增加到 1992 年的 72 亿美元，又猛增到 1993 年的 143. 95 亿美元；吸引台资，从 1991 年的 17. 4 亿美元增加到 1992 年的 64. 3 亿美元，又猛增到 1993 年的 109. 5 亿美元，增长率分别达到 270% 和 72. 3%，这种狂飙式增长极大地震惊了台湾当局。1994 年初，李登辉利用千岛湖事件大肆攻击大陆，并出台“南向政策”煽动台商“南向”投资，且宣布取消两岸所有的农业交流活动和合作项目等，1996 年 6 月之前的半年时间里，国务院陆续批准了 10 多个重大台商投资案，投资额高达 30 多亿美元，涉及电力、水泥、化纤、玻璃、PTA、显示器以及汽车等。对此，李登辉亲自上阵，于 1996 年 9 月，利用“工业总会”举办“经营者大会”之机宣布了“戒急用忍”的大陆政策，台商投资热潮又一次被打压下去，1997 年的台商大陆投资额比 1996 年下降了 45.3%。

2004 年，为了选举获胜，台湾当局在民众的强烈要求下，一反常态地同意 2005 年开放两岸春节包机直航，但 2006 年就中断了。又如，2001 年台湾当局将“戒急用忍”政策改为“积极开放，有效管理”，也是兑现其 2000 年大选的承诺，2007 年却又改为“积极管理，有效开放”，这其中皆可找到两种力量博弈的痕迹和因素。

三、吸　　力

无论是为了降低成本或为了开拓市场，为什么大陆都成为台商投资的首选地呢？因为两岸是同文同种、地缘相近的同胞，特别是大陆的资源禀赋具有很大的比较优势，无论对哪种投资动机都会给企业带来不同程度的好处，构成了通常所说的大陆对台商有很大的吸力。再仔细分析一下，首先是资源性优势，主要是指人力资源优质而价廉、土地资源丰富而便宜，加上语言相通、文化相同，沟通及管理方便。20 世纪 90 年代初，大陆的劳力成本约为人民币 300－400 元/月，只有台湾的 10% 左右，而土地成本约为人民币 5000－10000 元左右/亩，且还有很多台湾所没有的工农业生产原料等着台商去开发利用，这也是吸力的一个重要方面。但是，随着大陆经济的快速崛起，人力和土地资源逐渐由富裕变为紧缺，特别是人工成本，已比上世纪 90 年代平均高出五倍左右，因此不断上涨的人力成本和日渐紧缺的人力来源以及更加严格的劳动保障制度，使台资企业在人力资源方面受到的压力与日俱增。土地价格更是一路飙升，供给也受到制约，已经造成了不利影响，低成本的比较优势所产生的吸力正在迅速减退之中。

四、引　　力

对外开放是我国的基本国策，吸引外资发展经济是坚持改革开放的重要方面。为鼓励台商来大陆投资，面对台湾当局的阻力带给台商的负面影响，大陆在市场准入等方面对台资采取了“同等优先，适当放宽”的照顾，《中华人民共和国台湾同胞投资保护法》的颁布使台商的合法权益得到基本保障。为帮助台商解决建设资金问题，大陆实施了一系列政策措施，上世纪 80 年代末开始设立了台资企业基本建设专项配套资金制度，有选择地对台资企业进行扶持。进入新世纪后，国家开发银行又为台资企业设立了专项贷款，1994 年和 1996 年经国务院批准还在大陆设立了两家台资银行（协和银行、华一银行）等。以上举措，在一定程度上缓解了台资企业的融资困难。从中央到地方无论是市场层面还是法制层面都高度重视扶持台资企业的发展，有效降低了台资企业的投资风险和成本，客观上减弱了因阻力所带来的不利影响，这些都是增强台商投资信心的重要因素，对鼓励台资企业的积极性发挥了重要作用，成为台资企业快速成长的政策引力，同时，大陆庞大、广阔的市场无论是现实的，还是潜在的，都随着大陆综合经济实力的迅速提升而对台商有着越来越大的诱惑，成为最具决定意义的引力。因此，虽然目前正朝向对台商特殊优惠政策逐渐减少的趋势变化，但是大陆市场经济的制度和环境在不断完善，随着两岸签署 ECFA 之后，两岸之间有了一个更加开放、公平的市场环境，两岸的经济利益更加休戚相关。特别是大陆市场日益成熟和兴旺，台商在大陆的经营有了更多且更加平等参与的机会，这同样有利于进一步增强台商的投资信心。这表明引力的内涵在逐渐深化，大陆市场所迸发出来的独特魅力，终将对台资企业形成新的强大引力。有人甚至称之为大陆产生的“磁吸效应”，引力与吸力这两种力量统称为两岸经济关系中的吸引力。

上述四种力量的相互作用和角力，从台商投资“质”的不断提高和“量”的不断增加来看，“动力”越来越强。

五、助　　力

2000 年之后，在两岸经济关系发展上出现了一个新的积极因素，即两岸先后加入了 WTO 组织。① 这对台湾当局的大陆经济政策提出了严峻的挑战，不得不相应地作出调整和适度开放。台湾当局首要考虑的是不能因大陆政策而影响其“入世”申请，因此

---

① 2001 年 12 月，中国成为 WTO 第 143 个会员国。2002 年 1 月，台澎金马单独成为 WTO 第 144 个会员。

作出了一些姿态，首先决定对大陆不采用“排除条款”（GATT 第 35 条与 WTO 协定第 13 条之规定），也在实际推行中调整了“戒急用忍”政策，在“根留台湾”的原则下作了一定程度的开放，但还保留了相当的限制。台湾当局至今仍禁止 2000 多项大陆农工商品禁止进入岛内。① 由于大陆是以主权国家名义而台湾是以“台湾、澎湖、金门、马祖单独关税区”加入 WTO 组织，“入世”之后的两岸经济关系增加了一层同是一个国家内部的两个 WTO 成员之间的特殊经济关系，两岸不等同于一般 WTO 成员的关系，因此不将经贸方面的争端主动拿到 WTO 去解决，而是希望通过两岸协商和调整得到妥善解决。

此外，台湾经济需要广泛、平等地和国际经济打交道，而 WTO 的原则是鼓励贸易自由化，成员之间相互开放实现公平交易，这对台湾经济是十分有利的，所以大陆支持台湾加入 WTO。但台湾参加 WTO 的目的显然不仅仅在于此，因为 WTO 成员资格对台湾来说非常重要，有了这个资格，就有了一个要求与外国签订自由贸易协定（FTA）的“合理”说明，更是我们要防止发生的“外交事件”，因为这与台湾的身份不符，因此在客观上却成了两岸在政治关系上的复杂因素。同时，由于两岸都是 WTO 成员，在两岸建立经济关系制度化的进程中，确也增加了一个可共同遵照的基本原则，这对两岸经济关系正常化也是一个有利的因素，此次签订两岸经济合作框架协议就是一例。综合来看，WTO 对两岸经济关系的发展虽有正面作用，但至少近期来看还是有限的，

① 其中，农业产品 831 项，工业产品 1348 项，总计 2179 项，截至 2008 年 2 月。

所以只能将 WTO 的影响力称为两岸经济关系中的助力。

从全局来看，两岸关系所增加的某些不确定性因素，随着当今经济全球化进程加快，成为大陆必须要认真面对和慎重处理的问题。

六、推　　力

2008 年 5 月，两岸关系发生了积极有利的变化。在“九二共识”的基础上，在“建立互信，搁置争议，求同存异，共创双赢”的原则指引下，本着“先易后难，先经后政”的工作思路，“两会”开始了实质性协商对话，基本上实现了直接双向“三通”，并开始了陆资入岛的现实，两岸经济关系走向了正常化。在 2009 年发生的国际金融危机中，两岸携手共克时艰，为两岸经济的紧密合作和共同发展创造了不少新经验，两岸推进经济关系制度化、机制化的要求日益迫切。两岸经济合作框架协议的签订从制度上提供了两岸资金、人员、商品和服务贸易的自由流通以及投资便利化的基本保障。尽管台湾当局仍然“留了一手”，不愿意完全开放，但毕竟是在对大陆开放的道路上迈出了最重要的一大步，台湾当局曾扮演的阻力角色正在发生重大变化。ECFA 的签订对两岸经济关系的发展无疑是增加了一股强大的“推力”，也可以说是对“阻力”的挫败。从此两岸经济关系进入了新的历史时期。所谓“新时期”就是指是具有“两岸特色”的 ECFA 推动两岸走向经济合作更加紧密的新阶段。

在两岸隔绝几十年后，经过了 30 年来多种力量较量（见图 1），两岸人民充分发挥了智慧，终于走到了这一步，实属不易。

这个推力的背后反映了两个趋势，其一是经济全球化浪潮的趋势不可阻挡，两岸只是“沧海一粟”，谁想回避就会被动挨打，谁想抵制就会被这股浪潮所抛弃。只有紧跟才能取得主动，并可获得发展机会。2008 年 5 月之后，台湾当局采取了积极发展两岸经济关系的方针，在与大陆经济合作上采取了较为主动的作为，阻力开始向推力转化。尽管尚未完全转化，但方向基本正确。在这股推力作用下，具有两岸特色的经济合作机制才会逐步建立起来，两岸共同市场的前景也有了可能。其二是台商将成为大陆内需市场的一个积极参与者和强力竞争者，这一趋势不可忽视。当今，全球经济是在复苏，但欧债危机等不确定因素仍然很多，经济前景不太明朗，虽然大陆与台湾不同，地区经济发展水平差异很大，同时正处于快速转型之中，社会上各种矛盾的解决和制度的完善有个过程，但是对台湾经济来说在大陆的机会确实太多了。宏碁创办人施振荣先生说：“由于台湾人喜欢‘俗搁大碗’的消费心态，所培养出来的服务业的经营‘know-how’最适合开发中国家。”他说：“中国大陆、印度、东南亚等新兴市场，台湾的经验比美国和日本经验有效。”台湾 85℃ 创办人吴政学深谙此道，花了两年时间就在大陆取得了成功。①

因此，在 ECFA 推力的作用下，台商只要认真探索大陆市场规律，掌握大陆各类、各级市场的特点，凭借他们在大陆打拼积累的经验和优势，全力参与大陆内需市场的竞争，完全有可能占有大陆市场的较大份额。这一趋势也将会对大陆的经济转型和市

---

① 资料来源：DRI 商业发展研究院：《服务业大未来专案》，台湾《天下》杂志，2009 年 12 月。

场繁荣起到正面的促进作用，并将进一步证明两岸经济关系中，政治的干预只是一时一事，只能在短暂的时期内起到甚至是十分可怕的负面影响，但是，最终前途从根本上说还是完全取决于企业本身，因为这是市场规律。企业是两岸经济关系的主体和核心。大中小企业由于分工不同，定位也有所区别，但是他们在不同层面都扮演着重要的角色。整体来说，企业在两岸经济发展过程中起着关键的作用。

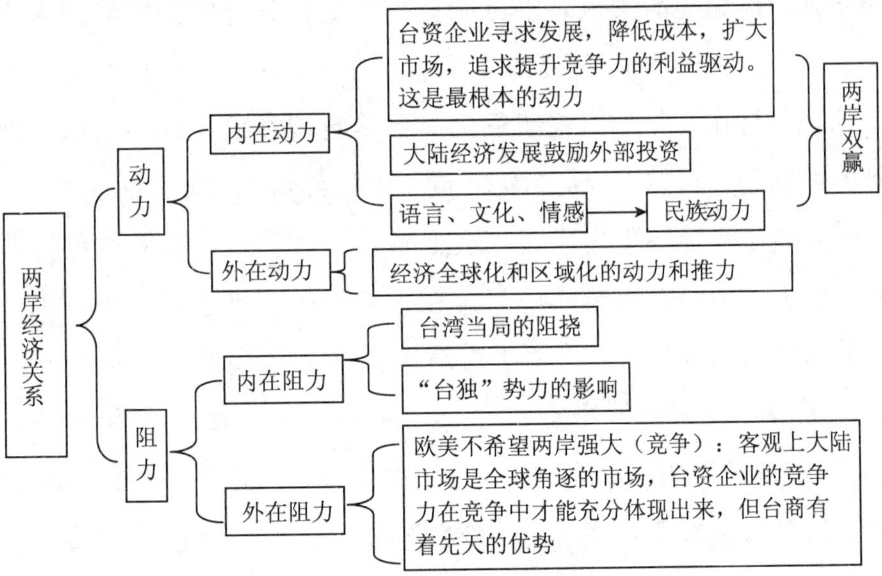

图 1　两岸关系发展中各种作用力量说明图

第六章　两岸经济关系中的“依存”和“相互依存”

一、两岸经济关系由“单向依存”到“相互依存”

（一）台商投资大陆带动下两岸经济依存关系的形成

台湾经济经历了20世纪80年代的成功转型成为亚洲“四小龙”之首，但是对于以外需市场为主的台湾经济来说，长远的出路究竟在何方？当时有部分企业在向东南亚地区外移设厂，但当地的投资环境不尽人意，难以立脚。正在此时，台湾当局宣布开放台胞赴大陆探亲，随着探亲大潮涌向大陆，大陆给隔绝长达四十年的台湾民众带来的惊喜犹如陶渊明遇到“世外桃源”一般。对于众多台商来说，再拼搏、再发展的希望之窗已经向他们开启。所以，随之而来便掀起了投资热浪。

台商投资的初级阶段，是台湾经济依赖大陆的重要开端。1989～1993年四年间，投资企业达到27029家，台商合同投资金额达到236.2亿美元。这期间，多数为中小企业，以劳动密集型的传统企业为主。产品有：鞋子、雨伞、自行车、家具、瓷砖、圣诞礼品、小家电、服装、食品等。他们将在台湾的生产基地搬到了大陆，原材料仍来自台湾，经销渠道照旧，产品继续向海外的客户供货，除了生产厂址转移之外，其他一切似乎并未有多大改变。这阶段虽然是台湾产业向大陆的简单延伸，却有一批面向大陆市场的民生性传统企业，抓住了大陆经济迅速发展的有利时机，在开拓大陆市场的过程中脱颖而出，从此打下了良好基础。在台商投资的带动下，两岸贸易迅速增加，呈现出典型的投资拉动型特点。1993 年，两岸贸易中，台湾对大陆贸易顺差首次超过了 100 亿美元。进入 21 世纪的 2000 年，顺差继续增加突破 200 亿美元，之后从 2002 年到 2007 年的 6 年间，每年顺差均递增 100 亿美元，如此巨大的贸易顺差在台湾经济成长中大陆因素凸显，且台湾经济对大陆的依存关系也逐渐显现。（见表 1）

表 1　两岸进出口贸易统计（1993 - 2010 年 11 月）

年份	贸易总额（亿美元）		大陆对台湾出口额（亿美元）		大陆自台湾进口额（亿美元）		贸易顺差（亿美元）
	金额	同比%	金额	同比%	金额	同比%	
1993 年	144	94.3	14.6	30.5	129.3	105.6	-114.7
1994 年	163.2	13.4	22.4	53.2	140.8	8.9	-118.4
1995 年	178.8	9.5	31	38.4	147.8	5	-116.8
1996 年	189.8	6.1	28	-9.6	161.8	9.5	-133.8
1997 年	198.4	4.5	34	21.2	164.4	1.6	-130.5
1998 年	205	3.3	38.7	13.9	166.3	1.1	-127.6
1999 年	234.8	14.5	39.5	2.1	195.3	17.4	-155.8
2000 年	305.3	30.1	50.4	27.6	273.4	7.2	-204.5

续表

年份	贸易总额（亿美元）		大陆对台湾出口额（亿美元）		大陆自台湾进口额（亿美元）		贸易顺差（亿美元）
	金额	同比%	金额	同比%	金额	同比%	
2001 年	323.4	5.9	50	-0.8	273.4	7.2	-223.4
2002 年	446.7	38.1	65.9	31.7	380.8	39.3	-314.9
2003 年	583.6	30.7	90	36.7	493.6	29.7	-403.6
2004 年	783.2	34.2	135.5	50.4	647.8	31.2	-512.3
2005 年	912.3	16.5	165.5	22.2	746.8	15.3	-581.3
2006 年	1078.4	18.2	207.4	25.3	871.1	16.6	-663.7
2007 年	1244.8	15.4	234.6	13.1	1010.2	16.0	-775.6
2008 年	1292.2	3.8	258.8	10.3	1033.4	2.3	-774.6
2009 年	1062.3	-17.8	205.1	-20.8	857.2	17.0	-652.1
2010 年	1317.6	39.7	266.6	47.1	1051.0	37.9	-784.4

本表资料来源：海关总署。

1994 年，国务院“对台经济工作会议”召开后，在“同等优先，适当放宽”政策的吸引下，台湾大企业开始来大陆投资，1996 年达到了高峰。该年，批准了电力、水泥、汽车、钢缆、化纤等一批资本密集型大项目，项目投资者主要是瞄准和面向大陆内需市场。这些企业在大陆苦心经营，奋力打拼，成为日后两岸经济合作中骨干企业。

台湾经济对大陆的依存不仅表现在贸易上，从深层次观察，与“初级阶段”不同的是，在大陆“快速发展”阶段的台商将企业搬到大陆，产品不仅外销并开始与大陆市场结合，将规模做大。大陆市场是台资企业不断升级并持续做大做强的重要依托。

大陆市场的潜力巨大，资源丰富，使得这些企业的规模越做越大。如台湾玻璃公司，现在投资规模已超过该企业原投资的数倍，投资选址从青岛、昆山扩大到了福建、四川、广东和江苏北部地区。这些企业由于原材料大多在大陆获取，所以对带动台湾出口并不十分明显，但台商凭借资源优势和大陆给予的优惠政策以及广阔的市场空间，以致他们在大陆投资取得了突破性发展，创造了新的奇迹，许多中小企业发展成为大企业或知名企业，有的产品已成为大陆知名品牌和驰名商标。如宏碁、康师傅、统一、捷安特、台玻、台泥、亚泥等。他们中大多是台湾的上市公司，在大陆靓丽的经营业绩不仅使本企业得到壮大，也使得他们在岛内成为“大陆概念股”中的佼佼者。大陆成就了一大批台湾大企业，有的已成为世界级企业。

台商通过在大陆的布局和发展，一是借用大陆市场的巨大需求能量，推动企业不断成长，终于创造了一批大型企业，有的已成为世界级的大型企业。例如，在大陆打拼近 20 年的顶新集团（其“康师傅”品牌）2009 年营业额高达 50.8 亿美元①，比 2008 年同期提升了 18.9%。另外，巨大集团也正成为国际知名自行车企业。二是利用大陆低成本优势，打造国际级代工王国，如鞋业宝成、电子厂商鸿海、冠捷和台达电等。目前，除已有 9 家台资企业在大陆 A 股上市之外，台资企业也积极利用香港的资本市场上市融资。据台湾“中央社”报道，截止 2009 年 12 月底，香港

① 2009 年康师傅在大陆的方便面、饮茶饮料和瓶装水的占有率分别达到 54.6%、48.4% 和 19.6%，为市场第一位；此外稀释果汁及夹心饼干占有率分别为 14.2% 和 25.5%，居该市场第二位。资料来源：http://money.163.com/10/0322/12/62CO6JP000252603.html。

上市的台资企业共52家，总市值达港币4308亿元。[①] 在大陆股市上出现的“大陆概念股”成为台湾股市中的重要板块，为台湾股市带来利多，为台湾股民带来实惠。事实证明，大陆是台湾企业做大做强的摇篮，更是培养知名品牌的“温床”。

从新世纪开始到2009年，是台湾电子资讯业等技术密集型产业大举向大陆投资的重要时期。台湾中华征信所资料显示：这一时期，世界上该行业的各大品牌企业，几乎无一例外地均利用投资大陆的台资企业做“贴牌”的生产基地，其原因是产品的成本低、品质好、交货及时、产品更新快。成本低，不仅是劳动力和土地价格便宜，更由于企业的大量集聚，具有完善而健全的产业链，以及最可靠便捷的供应体系而大幅度降低了物流成本；品质好，不仅由于严格的管理，更由于有较高素质的劳动力，大大降低了产品不良率和返修率；交货及时，不仅取决于高效的生产组织以及运输和物流，更重要的是整体投资环境的“软体”服务以及经营环境的政策配套，使在大陆的台资企业供货时间很快适应了OEM的下单方式。由于台资企业加强了在大陆的研发，其产品更新加快，一系列新产品相继面世，表明台资企业在应对当前全球日新月异的科技发展方面已有了相当的能力，这是台资企业竞争力的象征，也是大陆投资环境优势的体现。

2005年和2007年，台资企业在大陆“百大”出口企业的前十名中，分别占了四家和五家。[②] 同时，一批国际级企业也脱颖

---

① 资料来源：兆丰预料：2010年将有4家台资企业在香港上市，http：//www.cnr.cn/newscenter/nhtw/201001/t20100106_505855141.html。

② 参考资料：中新社网站（2009年7月11日综合报道）。

而出，并造就了如鸿海、广达、仁宝、友达、冠捷等世界知名的“代工”品牌。十分明显，大陆为台湾造就了一批国际级企业，在国际“舞台”上，他们也是台湾企业竞争力的代表。这进一步说明了台湾经济对大陆的依赖不仅表现在贸易关系上，也不仅是一大批企业在大陆成长壮大具有了自己品牌，而且更是以事实证明和回答了：大陆，是台湾经济走向国际必须依靠的桥梁和通路。

（二）两岸经济，由台湾对大陆的“单向依存”走上相互依存

两岸经济交流合作经过二十几年的发展，互补互利、互相推进，已开始与国际市场供应链形成紧密关系，影响深远，彼此谁也离不开谁。广大台商积极推动两岸经济交流合作，成为促进两岸关系稳定发展的重要力量。在两岸经济交流合作蓬勃发展的进程中，双方都获得了巨大的经济收益，也得到了许多重要启示，积累了不少经验。

在台商大陆投资的不同阶段对大陆依存的方式、内涵及特点虽有所不同，但是都是由台湾经济发展的内在需求所推动的，即使台湾当局在这一时期采取了各种阻挠政策和干预措施，却也无法阻挡台商的投资潮流，阻挡不了两岸贸易迅速发展的步伐。台湾经济对大陆的依存性，正是在这种背景下逐渐加深的，反之，大陆经济对台湾的依存关系也正是在两岸经济共同发展中实现和形成的。因此，尽管这种依存关系对大陆来说，一开始是“被动”的，是处于“被依存”的地位，但两岸却获得了“双赢”的结果。

1. 两岸经济存在互补性、竞争性。

在两岸经济关系发展过程中，尽管大陆是处于“被依存”地位，但客观上双方都各有所求、所需，如台商因需要资源、市场和人力而来大陆投资，并据此获得了很大发展。大陆则需要资金、技术和管理，这样，双方在交流合作中，事实上即形成了互补、互利的关系。且出于各自提升产品技术水平和开拓市场的需要，双方又出现了相互竞争，例如，有时为了争取成为某一产品的供应商，两岸企业之间的竞争就十分激烈，但这种竞争却是正当的和必然的，而且更带有合作性，它有利于促进双方产业链的调整和提升，有利于产品质量的提高以及企业竞力的提升。

2. 大陆在两岸投资贸易往来中面对的是“不对称”的格局。

由于两岸投资关系的单向性，以及两岸贸易中，台湾“多出少进”的不平衡性，使大陆成为台湾外贸顺差的主要来源地，使台湾对大陆的贸易依存度不断上升，2009 年高达 40%。① 台湾对大陆出口的大幅度增加，促使了台湾外汇储备的大量上升。至 2010 年 10 月，台湾外汇储备已达到 3005 亿美元，排名次于俄罗斯，占全球第四名。② 当然，台商也为大陆出口增加作出了经济贡献，这也可以说是“双赢”的一种形式。综上所述，所谓大陆的“被依存”只是相对意义上的，而从绝对意义上说，依存关系从来都是相互的，只是两岸在形成和发展到相互依存关系的过程中台商是积极的推动者和主要受益者。

---

① 资料来源：商务部网站 2009 年 4 月公布。

② 资料来源：新华网，台北 2010 年 10 月 6 日报道。

二、两岸经济相互依存关系的发展

（一）两岸经济相互依存关系愈加紧密

总体来说，由于两岸经济关系正常化和制度化的保障，以及台湾经济的发展，大陆在两岸经济关系中的“单向依存”已逐步转化为两岸的相互依存，并日益紧密。

首先，实现“三通”之后，两岸产业关联主要发生在台商之间的状况开始改变。其中“外溢效应”的相互依赖，有望得到加强。例如，从 2008 年下半年开始，台湾当局提出了为时三年的“两岸产业搭桥专案”，希望借助“官方”的力量，努力推动两岸民间企业的合作。该专案内容分两个层面：其一，两岸同意就“十五个”项目通过召开两岸产官学研研讨会的形式，为两岸企业建立交流渠道，搭建合作平台，进而为发挥两岸产业的互补优势，推动形成两岸优势产业、共创品牌，提升国际竞争力提供机会。这十五个项目是：中草药、太阳光电、车辆、汽车电子、通讯、LED 半导体照明、食品、精密机械、设计服务业、资讯服务业、风力发电、流通服务业、纺织与纤维、生物医药、自行车等。其二，两岸各自成立咨询专家小组（智库），提出两岸产业合作共同发展愿景，为建立两岸新型的产业合作模式等提供服务。

产业合作是经济合作的重要内容，两岸共同推动产业合作，并以“试点项目”的形式出现并非偶然，它是在两岸官方直接主导和推动下，产学研共同参与的一种新的产业合作模式。在这种合作模式中，台湾官方一改历年的做法而扮演了“推力”的角色。虽然产业合作的主体仍是企业，可是已经改变了台商自成一体的状况。在公权力的引导下，两岸企业将逐步改变只追求利益的倾向，而开始走向资源整合、共同发展的方向。届时两岸断裂的产业链可以连接起来，有助于提高产业竞争力，而台商分布在两岸的供应链经过调整，缩短了距离，可以降低物流成本。这样，两岸经济关系不再只是发生在台商之间的关系，而必然会形成两岸企业之间“你中有我、我中有你”的相互依存关系。

另外，“陆资入岛”渐入佳境，2011 年已有 204 家企业在台湾投资或设办事机构，审核通过投资金额约 55.3 亿新台币。两岸企业往来日趋热络，“有来有往”的新局面将会增进加深两岸企业的了解和理解，相互之间的依赖程度也会随之加深。

（二）ECFA 的签订促使两岸经济关系更为密切

1. ECFA 签订为两岸产业合理分工创造了有利条件。

例如大陆对从台湾进口汽车零部件，如果实现关税由接近 10%降为零，并得益于“三通”的便利，那么汽车零部件企业就可能无需都迁往大陆设厂了，因此有利于台湾产业将一部分企业“根留台湾”，不仅就业机会得以保留，甚至可能还会增加。这在 ECFA 签订之前是完全不可能想象的。

台湾优越的地理位置完全有条件成为亚太地区的一个交通运输中心，但过去由于两岸不能直航，投资、贸易处于间接状态，其地理优势无法发挥出来，十分可惜。现在，两岸不仅实行了“三通”，更由于 ECFA 的签订减少了关税壁垒以及贸易逐步向自由化开放，两岸企业面临的总体经营环境随之得到进一步改善，在这一新的格局下，“使台湾成为兼具转运、物流配销、终端产品加工等全功能的运筹中心”① 是非常现实的事。

2. 两岸服务贸易将更加开放。

可以预见，两岸服务贸易将会成为两岸经济相互依存关系的“粘合剂”。面对大陆经济的繁荣景象，随着 ECFA 中服务贸易的逐步开放，为台湾同胞广泛地融入大陆经济各个层面创造了有利条件。许多台湾上班族欲前往大陆职场从业，两岸经理人往来愈加频繁，合作更加有效。据台湾一份人力资源的问卷调查显示，台湾目前有将近 19% 的上班族已经有大陆的就业经验，另外有将近 17% 的民众正在大陆找工作，而认为自己未来将会在大陆上班的民众更高达 45% 以上，简单地说，台湾上班族有八成左右认为自己将会在大陆就业。且前往大陆就业的台湾人才已经不再限于制造业的经营管理者，金融保险、休闲旅游等服务业人才的需求量正在大幅增加（其中以“理财规划师”、“人力资源管理师” 和 “心理咨询师” 最热）。据世界经理人学堂讯，除了台湾厂商纷纷进驻大陆设厂外，还有另一股台湾人才前进大陆的风潮正在兴起。跨国企业对于台湾人才在大陆就职的需求已成为另一块重要领域，许多跨国公司认定，台湾人才的国际化程度还是高于大陆本土人才，加之台湾与大陆文化、语言的相近，所以台湾人才可能被跨国公司派驻在大陆市场任职，这种优势还是显而易见的。②除此之外，金融业、旅游业、医疗卫生……一系列服务贸易的进一步开

① 来源：林建甫：《ECFA 与中小企业未来的发展》（2009 年 11 月 8 日）。

② 参考资料：华夏经纬网 2009 年 6 月 15 日综合报道。

放，无疑，这些都将成为促进两岸经济相互依存关系更加紧密的重要力量。特别要指出的是，降低货物贸易的关税可以让更多的货物自由流通，取消服务贸易的限制，则可以让更多的各种职业的人群自由流动，不仅对于活跃两岸经济起到作用，更重要的是有利于台湾民众更多地融入大陆社会。

3. 按 ECFA 中规定建立两岸经济合作委员会。

ECFA 中规定两岸建立两岸经济合作委员会，其主要功能包括：“完成协议所需的磋商、监督并评估协议的执行、解决任何有关协议的解释、实施和适用的争端解决机制等。”这是两岸经济关系走向机制化的重要一步，反映了两岸经济合作已初步摆脱了纯民间方式，自此，政府开始为其“保驾护航”。展现在两岸人民面前的两岸经济相互依存关系，已经提升到了制度层面的高度，出现了稳定发展的前景。与一般贸易投资比较，这种相互依存关系更具有本质上的意义。

三、两岸“相互依存”的经济关系逐步由低水平向高水平发展

在两岸和平发展的大好局面下，以台商投资大陆并由此带动两岸贸易为代表的两岸经济关系经过近三十年的发展，目前已从昔日极度扭曲的不平衡状态走向了正常化、规范化，并且正在向完善的制度化迈进。两岸经济关系愈加紧密，交流与合作形势越来越好。两岸经济关系的迅猛发展和良好延续，其中广大的台商是直接的参与者、推动者，也是直接受益者。他们并将成为开拓

未来两岸经济关系新局面的先行者和创造者，他们走过的历程和积累的经验正是营造两岸关系极为宝贵的财富。①

制度是影响经济发展的根本因素，制度促进或阻碍经济发展是通过激励或压抑创新实现的，因为经济发展的实质就是创新。因而，好的制度是能持续激励创新的制度，同时，这种制度本身也应是充满生命力的、开放的、不断调整和创新的。②

回顾台商在大陆近三十年的发展历程，透视当前两岸经济关系的发展趋势，不难看出，两岸经济关系从隐蔽到公开，从局部到全面，从单向到双向，这一切都是大陆坚持制度创新的结果。

（一）两岸产业合作模式发生变化

随着大陆经济实力的快速增长和两岸产业转型的持续快速进行，两岸产业分工形态、分工模式趋向了多元化，其发展趋向是：两岸产业分工合作关系更加密切，产业之间的相互依存度和融合度将不断提高，两岸经济交流和合作也向更广、更高的层次发展。

由于两岸签订了ECFA，未来两岸产业合作，将依托两岸经济合作的制度性安排而进行得更快、更有序和更加深入。这样就有条件形成“规划指导、政策支持、产官学共同参与”的新型产业合作模式，改变两岸产业各自“单打独斗”的状况。不可否认，多年来，两岸的合作更多的是制造业的合作。20世纪80年代中后

---

① 刘震涛：《浅析台商在大陆发展的过去、现在和未来》，2010年6月25日台北研讨会。

② 卢现祥：朱巧玲编《新制度经济学》，北京大学出版社，2007年。

期，台湾开始向大陆转移下游加工业，与台湾岛内中上游产业形成了垂直分工；90 年代后，台湾中上游产业和电子信息产业加快向大陆转移，两岸逐步走向了产业内的水平分工，即大陆生产较低端产品，台湾生产较高端产品。总体来说，双方分工是随着台湾产业链的制造端加快向大陆的转移，大陆主要从事生产制造，台湾则主要从事管理、研发、财务运作、市场营销等。尽管如此，仍旧没有摆脱两岸产业“简单”结合的模式。ECFA 的签订，扫除了有关障碍，两岸产业合理布局已成为可能。因此，未来两岸资源“整合”型发展模式将成为两岸产业合作的必然趋势。2008 年的世界金融风暴给两岸企业以深刻的教训，即两岸产业合作以简单的垂直分工 OEM 模式经不住外部环境变化的影响，表现脆弱。这样一来，不少企业已开始由 OEM 向 ODM 转型，这种转型的基本条件就是要具备研发能力（包括技术、人才、资金）有些台资企业如仁宝、彩晶、宝成①等在这一方面已经见到了成效，并开始迈向 OBM，在市场营销方面也开始走上了自创品牌的艰难历程。

两岸产业合作正在形成以现代服务业为主的趋势。过去 20 多年来，两岸产业合作主要以制造业为主，服务业仅占 10%，ECFA 中有关服务贸易便利化的内容和金融 MOU 的签订使原先的壁垒逐渐减少，两岸服务贸易交流和合作的环境大为改善。全球经济发展的新趋势表明，服务科技化内容丰富，有利于扩大市场范围，制造业服务化的需求也更加迫切，现代服务业有更多的发展空间。

① 仁宝是台湾重要的工厂产业代工厂，彩晶是台湾重要的数码相机代工厂，宝成是台湾重要的鞋业代工厂。

最近，台湾提出的六大新兴产业（绿色能源、生物科技、精致农业、医疗照护、观光旅游、文化创意）呈现出以现代服务业为主的内涵，突出了“民生”、“创意”和“低碳”的特点。文化是生活方式的基础，具有独特性，更成为创意产业发展的重要助力。

两岸深厚的共同文化资源为两岸推动文化、创意与产业三者的紧密结合提供了极佳的基础，但是目前主要的问题是缺乏整合综效。为了改变这种状况，就要努力塑造环境，营造非常开放、融合的氛围，创造增加交流的条件，包括语言、文字、美术、音乐、艺术、设计。目前创意产业已经开始进入“体验经济”时代，它正以丰富多彩的多种业态（如工艺品的法兰瓷、休闲养生的“吃茶趣”等）成为两岸先进制造业与现代服务业同步发展、融合发展的新领域、新趋势。[①]

（二）大陆台资企业由单纯代工向自创品牌发展

大陆台资企业由原先单纯代工向自创品牌发展的方式有以下几种：

一是沿用原有品牌。一些在台湾较具知名度的厂商，或虽名度不高，但是既有品牌名称能彰显商品特质的厂商，因其品牌可创造极高的附加价值，一般都沿用台湾市场原有品牌。例如，食品业的统一企业（Uni－President）及米果产销的旺旺集团（Want Want），亚洲水泥的洋房牌水泥，巨大机械的捷安特（GIANT）自行车，卫浴设备制造的和成（HCG），以及宏碁电脑（Acer）、华

---

① 刘震涛：《浅析台商在大陆发展的过去、现在和未来》，清华大学台湾研究所，2010 年 6 月 25 日台北研讨会。

硕（ASUS）、威盛（VIA）等。当然，他们的品牌战略之所以成功，重要的是他们善于利用大陆市场，并有开拓性的市场营销策略，同时其产品与时俱进，适时扩大业务范围，做到满足大陆消费者的需要。

二是在大陆自创品牌。一些在台湾市场原为中小企业的厂商，经营的是名不见经传的“小生意”，因其品牌影响不大，说不上有什么附加价值，他们本身无特定品牌，或是原先仅从事贴牌代工生产，专事代工业务，欲改变原贴牌代工的形象，则倾向在大陆创立新品牌。例如以生产方便面闻名的顶新康师傅（Master Kong）、女鞋产销的永恩达芙妮（DAPHNE）、大陆知名休闲男装品牌台南企业汤尼威尔（Tony Wear）、计算机外设及计算机整机销售的明基电通（BenQ）等。在通路开拓上，由于企业的竞争力不同，采用自建通路或运用当地通路完全视情况而定。①

三是与大陆企业合作共创品牌。最典型的当属台湾裕隆汽车与大陆的东风汽车两家合作，共创“纳智捷”品牌汽车，裕隆汽车在台湾60多年来做过美国、日本、欧洲的品牌汽车，但最终取得的成绩都只是成就了别人的辉煌；裕隆汽车总结了痛苦的教训之后决定自创品牌，从底盘、发动机设计和制造都要国产化，这不是一件容易的事，但是他们成功了。现在裕隆东风已合资在杭州生产了“纳智捷”，两岸合作实现了两岸中国人共创品牌的理想。

对于台湾企业来说，利用大陆内需市场优势和台湾企业的全球化生产与销售网络优势，遵循的是逐渐摆脱对代工生产模式的依

---

① 参考资料：《大陆台资企业品牌生存录》，《台商》2010年1期。中国论文下载中心 http://www.studa.net

赖，将品牌产品扩大版图，把品牌的影响做大，以共同形成国际品牌战略，这已成为众多台资企业的共识。随着大陆经济持续快速发展，二、三级市场逐渐成熟，参与国际化程度不断加深，以及大陆民众生活水平的不断提升，消费者对商品品牌的认知度越来越高，两岸企业由于共创品牌产业的依存度和紧密度也会相应提升。

（三）两岸经济交流由物质向精神层面转化

两岸经济合作交流由物质向精神层面转化，使两岸经济相互依存关系进一步深化。精神是物质高度发展的产物，今天，两岸已开始超越初级阶段“招商引资”、“考察评估”的固有观念，正以一种新的更加科学的观念来重新看待彼此间的经济合作交流，这就是两岸经济交流合作由物质转向了精神层面，而这种影响更加深远、更有成效、更为久远。而且，这种非物质性交流已经开始了实践，它无疑为两岸人民的“心灵”交流开启了一扇大门，为建立双方的互信创造了一个极佳的机会。纵观两岸经济关系发展历史，每一次对原有观念的超越，都会使人们对两岸经济关系价值和内涵的认识向前迈出一大步，相信此次也不例外，我们期待着这一新高度的出现。

1999 年初，清华大学台湾研究所成立以后就开始关注台资企业在大陆的经营管理问题。经过两年多的认真调研，于 2002 年起，整理了联华电子、顶新集团、宏基电脑、台达电子、宝成鞋业、捷安特自行车等十二家台资企业的管理经验作了研究，并经十二家企业的授权，出版了《台资企业个案研究》一书，这是大陆首次向广大读者大面积介绍台资企业的书籍。2003 年开始，台湾研究所又花了四年时间，集中研究了台湾台塑集团的经营理念和管理经验，并于2007年在两岸同时出版了《筚路蓝缕——王永庆石化王国》一书。这是王永庆先生首次正式对外授权研究和出版有关台塑集团经验的书，获得了两岸读者，特别是大陆企业界的高度关注和欢迎。2009年，经有关企业授权又出版了《合资企业成功拾秘：经赢之道》一书。该书描述了“统一企业”、“金仁宝集团”、“天福茗茶”和“汉钟精机”四家企业成长、发展过程中的成功经验，分别给人以深刻的启示。这些优秀的台资企业只是两岸成功企业中的极少部分，但它却反映了中华文化生生不息的强大生命力，给人以奋发图强、催人奋进的精神力量，让人了解到：勤劳、节俭、朴实是这些企业赖以生存、发展的灵魂，在他们企业文化里更蕴藏着知难而上、坚韧不拔的毅力，以及不断创造、创新、创意的“三创”精神。正是这些精神力量才得以支撑他们在充满艰辛的历程中，坚持将企业做大做强。成功的台资企业也告知人们：正确的决断和前瞻的思维以及持续创新的企业文化正是企业的“软实力”，它决定着企业成功和失败，决定着企业的层次和高度。

在对台资企业的研究中发现，许多台资企业极为重视环境保护和爱护员工，它反映了企业文化中的另一主要方面，那就是善待自然、善待员工、回馈社会的责任、理念和行动。它将企业——自然——员工——社会融为一体，营造出了和谐温暖的经营气氛，夯实了企业稳定向上的基础。企业是社会的基本单元之一，如果企业都有这样“以人为本”的理念和出色表现，则社会的繁荣、稳定、和谐指日可待。对部分台资企业的深入调查及所做出的总结，从另一个方面体现了两岸经济交流已上升到精神层面的高度。

1. 关于“台塑”“合理化”理论与实践研究

由王永庆先生创办的台湾台塑集团，成立于1953年。当时，日生产PVC材料只有四吨。而到2010年，台塑已成为一个以炼油石化为主，涵盖电力、电子、机械、钢铁、汽车、生物科技、海陆运输、教育医疗等多种产业于一身的集团性特大型企业。台塑集团是由一百三十多个关系企业和成员企业所组成的联合体，也是一个跨国公司，年产值约占台湾GDP的16%。台塑富于传奇的发展历程的确可以用成语“筚路蓝缕”来表述。

“合理化管理”是台塑最核心、最重要的管理理念，它是指“管理要合乎做事做人的基本道理，依此制定合理的标准，确定合理的考核制度，进行合理的管理，获得合理的收入和利润”。这几句话听起来并不难懂，但做起来却不容易。正是这几句话，让台塑集团不断追求“合理化”，形成了“止于至善”的企业文化。

2009年起，在国资委的推动下，由清华大学台研所和中智公司共同组织了中石化集团赴台塑集团参访研习团。开启了大陆中央企业与台湾民营企业的交流航程。研习团由中石化集团主要领导带队，分两批有集团总部高级管理人员、职能部门及分公司负责人共44位参加，分别花了18天时间，对台塑集团作了系统的考察、研习和交流。不久，台塑集团也由主要领导和部分中层干部赴大陆来中石化参访、交流。这是两岸经济交流深入发展的明显标志，它开启了两岸企业界管理层相互进行全方位、多角度、深层次大交流的先河。中石化参与考察交流研习的所有成员都认为，这次活动很有意义，对中石化集团提高管理水平很有帮助。

值得指出的是，台塑集团和中石化是同行，是竞争对手，一般来说，同行是“冤家”，但台塑却敞开胸怀，主动邀请中石化去“上岗”考察，这种气度实属罕见。而中石化愿意兴师动众赴台塑学习，也绝不仅仅是出于对王永庆这位“经营之神”个人的尊敬，实际上反映了大陆中央企业渴求管理创新的积极态度。国资委负责人李荣融主任对中石化赴台研习所作的评价是：“中石化借鉴台塑的经验，积极推动制度E化、全员合理化建议、全员成本管理，有效降低了生产成本。”① 国资委副主任邵宁也指出：台塑企业的管理，可能比较适合我们的中央企业借鉴。台塑管理植根于中国文化，又较好地融合了西方管理的科学方法，它的“一日结算”、“单元成本分析法”、“异常管理”等管理方法，都是其管理创新的成果，我们绝大多数企业现在还达不到这个水平，同台塑进行对标，可能是“央企”一条提高管理水平的捷径。② 到2011年国资委已先后批准了七批央企包括中石油和中海油等5家参访研习团，都取得了十分良好的效果，推动了国资委倡导的央企向世界一流企业学习的活动。

2. 关于“海峡两岸产业合作论坛（昆山）”（简称“昆山论坛”）

中国大陆各地每年举办的对外“招商引资”洽谈会比比皆是。位于苏南，与上海毗邻的昆山市，是大陆台资企业最为集中的一个县级市，到2010年底止共有台资企业3830家。该市一年一次

① 来源：引自李荣融在2009年中央企业负责人会议上的讲话。

② 来源：引自邵宁在2009年在全国企业创新大会上的讲话。

的“金秋招商”活动亦已连续举办了十多届。在进入新世纪之初，昆山市领导感到为招商引资举办各类大型活动很有必要，它对大量吸引台资的确起到了重要作用，但总觉得其中缺少了点什么。与清华大学台研所研究后，双方决定举办一个研讨式的活动，即“两岸产业合作论坛（昆山）”，其目的在于动员两岸产、官、学、研各界人士广泛参与，就两岸经济关系的发展趋势和前景、产业合作的方向和模式、产业升级和转型、经营理念创新、投资环境改善以及如何推进两岸经济关系持续快速发展等问题进行深入的研讨和交流。同时，也为探讨昆台经济关系发展的新路径搭建一个交流平台。至2010年，海峡两岸产业合作论坛（昆山）已经走过了十个年头。十年来，它与“招商引资洽谈会”并列，作为两个“轮子”，共同推动着昆台两地经济关系的发展，在新世纪开始后，面临复杂的两岸关系中探索如何发展两岸经济关系作出了相当的贡献。

“海峡两岸产业合作论坛（昆山）”于2001年起，由清华大学（台研所）、国家科技部（海峡科技交流中心）、江苏省（昆山市政府）发起并主办。从2005年开始，又吸收“昆山台资企业协会”作为主办单位之一。这样做的目的是让更多的昆山台商参与进来，从而体现论坛的广泛性和群众性。昆山论坛有以下几个特点：第一，昆山论坛的参与方广泛，且两岸有很多知名人士或著名机构参与。昆山论坛得到国务院各部委，如国台办、国家发改委、商务部、国资委、工信部、国务院发展研究中心、社科院等部门的指导和大力支持，而且以上部门相关领导如著名专家朱丽兰、吴敬链、王洛林、李剑阁等都曾莅临“论坛”发表演讲。台湾众多知名人士，如萧万长、江丙坤、刘兆玄、洪其昌、苏起等和有关经济部门负责人、台湾各工商团体各大专院校、研究院的负责人及专家、学者也都亲临论坛演讲。第二，2001 年以后的两岸关系复杂多变。每届论坛的主题都是根据两岸关系新形势，把握发展趋势，紧紧围绕如何推进两岸经济交流新格局这一大方向，牢牢抓住台资企业和台湾同胞所关心的主要问题慎重确定。例如，如何改善和创新大陆投资环境以满足台湾电子资讯产业向大陆大举转移的需要，特别是针对昆山台资企业集中的特点，探讨台资企业协会的功能等。又如，两岸如何共同努力，实现由“中国制造”向“中国创造”转变；如何在 IC、IT、光电、现代服务业等各产业领域加强合作，共创双赢；如何实现台资企业的转型升级、创新发展等。论坛围绕这些课题，都一一展开了广泛深入、卓有成效的讨论，并取得了良好效果。第三，昆山论坛已成为两岸学术界、科技界、工商界交流互动的重要平台。产、官、学、研彼此互动，结合当年国际的、两岸的经济形势，展开理论、信息、观念的大交流。参加论坛的人员面广量大。仅大陆方面，除国务院各有关部门各级领导之外，还有来自大陆其他省市的经济开发区、科技园区、台办、涉台科研院校、有关中介机构（律师、会计师、咨询顾问公司、金融机构）以及民营企业代表参加。据不完全统计，历届参加论坛的各方面人士，总计超过了 3000 多人次。这一平台有助于两岸有识之士广交朋友，增加了解，形成共识、培养互信，起到了独特的纽带作用。据社会各界反映，两岸学者长期缺乏正常稳定的学术交流渠道，而“昆山论坛”是一个有益的补充。“昆山论坛”对推动发展两岸经济关系产生了积极影响并做出了一定的贡献。同时，“昆山论坛”作为昆山人的“智库”，对昆山进一步改善投资环境，调整昆山产业结构、提升产业层次和水平，以及提高昆山在海内外的知名度，增强其对台资企业的吸引力，都起到了一定的促进作用。

海峡两岸经济合作在交流方面有广阔的领域，亦有更多更重要的事要做，只重“招商引资”的现象应该得到改变。目前虽有各类经济论坛或研讨会，但从参会人员来看，主要是企业界人士，而且基本上都是大企业唱主角，很少有学者参与。这说明，各地主要目的还是为了招商引资，要改变这种局面，一时还不易做到，但是显然已不符合当今两岸经济关系新时期的特点了，这点值得两岸有识之士高度重视。

（四）两岸经济关系的制度化将逐渐替代台湾方面的“党意化”

共同发展经济是两岸民心所向，民意所致。选举政治决定的力量对比正在发生变化。未来有两种途径：一是政治在相当长的时间内对经济仍有较大的牵制力，二是政治影响经济的力量越来越弱，“制度化”逐步代替“党意化”。世界越来越小，越来越平。闭关或靠意识形态主导经济已不适应时代的要求，更不符合台湾的利益。美籍趋势大师奈思比来到台湾时指出，当前国际上的两大趋势是：“一、全球关注的重心，已从西方转至东方，尤其是中国大陆；二、全球正朝单一经济体发展，国家疆界逐渐消失。”① 奈思比的这两项重要分析，对台湾应该有所启发。台湾经

---

① 引自台湾《中央日报》网络报点评，2009 年 2 月 7 日。

济与大陆经济更紧密的整合，不应只为图一时之利，而应着眼于开创百年繁荣的长久之计。为了台湾经济的未来，完全没有理由人为地在两岸筑起藩篱。因此，在未来的全球经济格局中，台湾不但需要有自己独特的产业、技术与人才优势，更需要有不断创造优势的潜力，这些优势与潜力的获得，最主要的途径应该是通过两岸经济关系的强化，而不是疏离。两岸经济整合的程度越高，台湾经济就越能展现出活力，这同时对大陆经济的持续发展也能带来很大好处。两岸经济关系全面深入发展，事关两岸同胞长远福祉，需要两岸同胞的共同努力。过去二十多年中，两岸经济关系都不同程度地受到了“政策”的影响，两岸经济关系要通过两岸共同的制度安排，这就是两岸经济关系的特色所在。但是在建立机制化、制度化之后，市场经济规律将在其中发挥明显作用。它表明，两岸经济关系在进入“市场”与“政策”并重的双轮驱动时代时，两岸不仅应取消不必要的限制性经济政策，更应以积极的态度去推动两岸经济合作。在基本实现两岸经济关系正常化的基础上，两岸应进一步加强和完善经济合作的制度化建设，增加其执行力，具体包括：投资保障协议、避免双重征税协议、贸易争端处理机制、知识产权保护以及产业标准的共同制定等。为达成这些协议，两岸还应建立多层次的经济交流的沟通与协商机制，包括两会协商机制、行业协会协商机制、专家交流机制、企业合作论坛等。不管如何，发展总是硬道理，这对两岸都适用。台湾只要在发展中不断争取主动，就可避免边缘化。

两岸经济关系发展的同时，对两岸关系的改善也起到了积极作用。例如，在两岸经济关系不断向前发展的同时，两岸民众的相互理解与信任也在增强。其一，台湾民众认为大陆政府不友善的比重在下降。根据台湾政治大学选举研究中心所作的定期民调结果显示：台湾民众认为大陆政府对台湾当局不友善的比重由2004年7月的70.4%，下降为2009年9月的45.1%；台湾民众认为大陆政府对台湾民众不友善的比重也由2004年7月的48.7%，下降为2009年9月的38.7%。其二，台湾民心指数对两岸关系的乐观程度在上升。台湾《远见》杂志自2006年6月起每月发布“台湾民心指数”调查结果，其中岛内民众心理的“两岸关系缓和指数”有明显提升，由2006年10月的51.2上升至2009年10月的61.2。①

就上述台湾民调结果来看，两岸经济的合作紧密直接影响到两岸关系，而两岸经济关系由“低”到“高”的发展事实，已逐步被台湾民众所接受、所理解。“民心齐，泰山移”，在两岸民众的共同支持下，两岸经济关系肯定会更加紧密、更加具有动力和活力。尽管两岸经济在总体层面的相互依存度基本上还处于较低水平，但两岸经济体的这种相互依存性在动态变化中总体上保存了上升趋势。新形势下随着两岸经济关系正常化以及制度性合作与一体化的逐步推进，两岸经济交流与合作将进一步扩展与深化，两岸经济交流从物质向精神层面的转化，必将对两岸关系的改善和发展提供新的利基。

---

① 参考资料：朱磊：《两岸经济关系发展对两岸关系起到的积极影响》，《台声》2009年第九期。

第七章　台资企业的转型升级

产业结构调整，包括企业的转型升级，不应该只是应对国际金融危机冲击的因应之策，而应该是顺应世界经济发展新趋势、新特点，及时转变经济发展方式的长期战略。两岸已共同进入产业结构调整的关键时期。随着两岸经济合作框架协议（ECFA）的签订，两岸产业分工与合作的态势渐趋明朗，双方对加速产业升级、企业转型均感到有足够的必要性和紧迫感。台湾当局领导人马英九在就职两周年的记者会上提出：“台湾的产业结构一定要改变，台湾的经济策略也一定要调整。”此前，台湾立法部门通过的“产业创新条例”，则更加明确了扩大鼓励民间投资、引导产业发展创新、加速产业结构转型升级的具体方向和决心。大陆早前提出的调整产业结构重点是：加快改造提升传统产业，着力推进高新技术产业，及时发展战略性新兴产业，大力发展节能环保产业，培育壮大现代服务业等。这也为加强两岸新型产业合作提供了导向和思路。显然，如何加速推动产业结构转型升级已成两岸共同的思考和当务之急。

一、台资企业转型升级的理论分析

（一）企业转型升级的内涵界定

在企业生命周期中，转型升级是任何企业实现永续发展的重要途径，其内部动因是企业需要重新优化配置内部资源，塑造持续的核心竞争力；外部动因是由于企业所处的经营环境制约了企业成长，因此要重新对企业发展方向和战略作出调整。

当前，虽然对企业转型升级的研究尚未形成理论体系，但是对企业转型升级中的若干现象以及途径，学者们进行了大量的研究。汉弗莱和施米茨（Humphrey and Schmitz，1998）将企业升级类型划分为三大类：工艺流程升级（process-upgrading）——通过引进新工艺或重构生产组织来提高生产效率，提高投入产出比，降低产品成本，提高产品竞争力；产品升级（product-upgrading）——扩大产品范围，改善产品品质，提高单位产品（或服务）的附加值，增强产品竞争力；功能性升级（functional upgrading）——企业在价值链内获得诸如市场、设计等新功能，实现价值链内企业间的劳动再分工，通过重新组合价值链中的不同环节来获取竞争优势，虽然这种价值链体系内部的变革并没有改变企业类型。另外一种形态是跨产业升级（inter-sectional upgrading）——企业将用于一种产业的专门知识应用于另一种产业（李烨、李传昭，2004）。典型案例之一是台湾电子制造企业将彩色电视机制造技术应用于附加值更高的个人电脑配件制造领域并获得成功。这种升级实际上是企业形态的一种转型。

严格地说，企业的转型升级是企业发展过程中提高竞争力的一个永恒主题，并不是因为世界经济不确定性剧增，或者像有些企业所说，因为大陆出台了一系列政策，如提高工人工资等所造成的“冲击”导致的。

（二）企业转型升级的重要内容

本节重点论述基于企业外部不确定性环境影响的企业转型升级，这是为企业提高自身核心竞争力，实现永续发展而采取的一系列向更高附加价值演进的变革性措施，包括企业在内部的理念、技术、产品、制度、管理、文化的改革和提升，以及在外部产业链环节上向具有更高附加值的环节推进和转移。

其一，转型企业要创新观念，抓住新机遇积极推动战略调整。转型不仅仅是通过提高效率或改造业务流程以降低成本，更应该是在创新观念的驱动下，掌握有利时机对企业战略和管理过程进行革新。企业领导者的创新观念首先来自于信心，有了信心，才能产生行动力，进而影响和带动全体员工共同加入到转型升级的行动中来。

其二，转型企业需要确定新的发展目标。转型的企业需要建构和培育面向新愿景的新的能力结构（执行力）、业务结构（产业布局）和市场竞争战略，以确保新目标的实现。有些企业已经为此作出了必要的转移，并在转移中实现了转型。总之，转型升级不能盲目行动，必须要有明确的目标和战略以及实际可行的步骤，否则将会出现难以预想的风险。

其三，不惜作出全局性的改革。全局性的改革可能涉及企业整个组织结构，是全方位的改革，而不仅仅是局部的改良，不仅仅是出于需要而成功地塑造一个新的管理系统（含业绩评估、激励机制和员工岗位职责规划管理）和运营系统（含产品发展及运营策略等）。改革可能涉及企业各级领导和员工的理念、行为准则、组织机构功能的改造与转变，以及企业内外资源结构的重组与整合。这种全方位的改革必将会牵扯到某些当事人的既得利益，因而有时难以有效地推进。

（三）企业转型升级的几个阶段

基于产品生命周期理论，我们提出了划分企业转型升级的几个阶段。

企业转型升级的最初阶段一般是以企业的技术改造为“龙头”，着力整合和调整企业内部资源。此时，企业的产品处于导入期。由于新产品刚刚面世，市场认知度不高，生产批量小，制造成本高，销售价格也高，所以企业通常获利微薄，甚至于亏本。虽然新产品的竞争力强，但开始时顾客也少，这时最需要的就是坚持和耐心，以体现领导者的自信心。企业从上到下努力完善相关配套的管理措施，以适应新的体制，不断降低制造成本，提高顾客对产品的认知度。

第二阶段是技术升级的同时积极开拓市场。此时，企业的产品处于成长期，产品需求增长，此时正是产品接受市场严格检验的重要时期，也可以说是竞争者纷纷进入市场的阶段，一旦获得成功将导致产品供给量增加，价格随之下降。为了防止企业利润增长速度逐步减慢，就必须要对产品本身的技术水平不断进行提升，对产品的基本功能和附加功能进行改进，对产品有针对性地进行再创新，使市场对该产品的认同不断加深。同时必须不断改进经营策略，以维持和提高该产品的市场占有率。

第三阶段是价值链环节升级。此时，企业的产品处于成熟期，品牌的价值逐渐显现，但是，市场竞争会非常激烈。因此，企业即使对产品进行改进也已经不能够适应外部竞争环境的需要，必须通过改变在价值链上所处的位置以重获竞争优势。例如加强产品的售后服务，增加产品的附加价值，并产生出新的经营模式，以巩固市场地位。有的企业干脆将制造委托别人代工，自己则改成专做设计或销售等。虽然所处行业并不改变，但在价值链上产品的位置作了调整，从而提高了企业的竞争力。这也通常被理解为企业向“微笑曲线”两端移动（参见图1）。

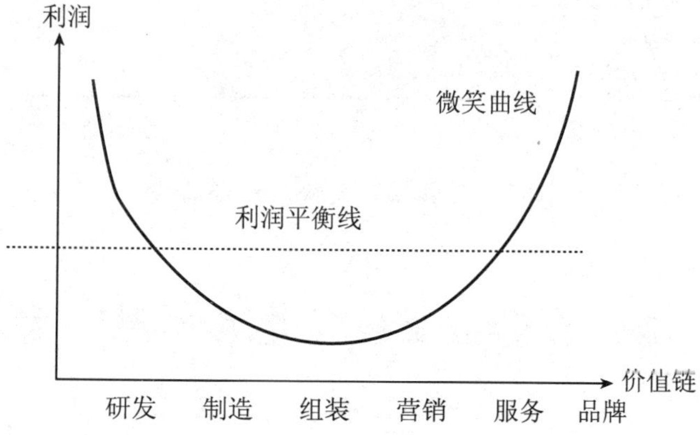

图1　企业“微笑曲线”

第四个阶段是跨行业转型。此时，企业的产品已经处于衰退期，产品进入了淘汰阶段，市场上已经有了其他性能更好、价格更低的新产品，足以满足顾客需求。企业若想获得新的发展机会，必须切换到新的行业，但转型成本高，风险大（参见图2）。因此这是一条险路，如非走不可的话，也要尽可能地选择与自己相关的行业。例如，早期一批来大陆投资农业的台商，有不少已转向。他们凭借对大陆消费市场特点的了解，放弃了自己种植农产品而改成“订单”生产，然后收购，完全成了产品通路商。

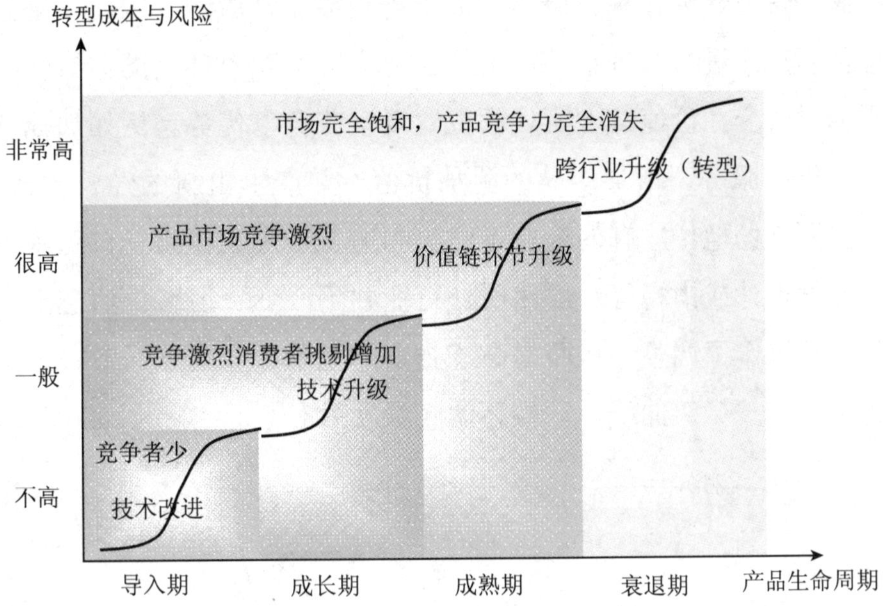

图2　企业转型升级的重要阶段

二、台资企业转型升级需要认真考虑的几个重要因素

企业转型升级，需要对企业内部资源、组织结构、发展愿景和外部市场方向都作出调整，因此是一个系统、复杂和长期的过程。一项成功的转型，不能一蹴而就，必然要突破很多障碍。

第一，要高度重视宏观经济环境的变化趋势对产业和企业的挑战

我们看到，世界经济的不确定性至少导致了两个层面的变化：一个是基本面，即各国纷纷出台宏观调控政策；另一个是技术面，即企业必须重新考量自身在全球产业链分工体系中的定位。因此，世界经济的不确定性必然促使台资企业对自身转型升级进行深入思考。始于2008年的美国次贷危机所引发的全球金融风暴，给台资企业带来了空前的冲击。因为：（1）台资企业大多数是以代工生产方式为主。他们是一无自我通路、二无自己品牌、三无核心技术的“三无企业”，一旦订单减少，就失去了立足之地。如台湾在2008年，面板产能的利用率只有30%～40%，而韩国三星等由于掌握下游电视产业及其通路，产能利用率则保持在80%左右。①（2）两岸产业分工中加工贸易方式占据了主要地位。金融风暴所造成的经济危机中，由于欧美市场的快速下滑，两岸贸易急剧萎缩，使得台湾对大陆出口占大陆总体进口的比重，由2000年的11.3%逐步下滑到2008年的8.5%。这表明，两岸以加工贸易为主的产业分工方式有十分明显的脆弱性。众所周知，两岸贸易是受台商投资拉动的，大陆从台湾进口的大多是大陆台资企业用来组装整机的中间产品，显然，两岸贸易下降是台资企业出口下降造成的。所以两岸产业合作受国际产业链分工的影响甚巨。金融风暴过后，美国等国家超前消费的冲动和“习性”及由此拉动的巨大消费能力还会依旧如故吗？对我们而言，认真面对世界金融

① 参考资料：台湾《经济日报》，2009年2月26日。

风暴后可能出现的欧美消费市场动力不足的现实是必须的，所以以出口为主的经济增长方式，已经到了必须转型的时候了。而实现拉动消费、扩大内需的目标，改变严重依赖出口的局面应该是企业转型升级的主要方向。

第二，拓展新视野　开拓新思路

企业要高度重视拓展新视野，不断开拓新思路。台资企业在转型升级过程中要重视以下两点：（1）如何改变单纯依赖大陆土地和劳力等廉价资源的思维方式，走一条不依不靠、降本增效的创新之路。否则只有像“候鸟”一样走迁徙之路，这条路最省力，但决非长久之策。一个有长远打算的企业一定会对自己在全球产业布局中的地位有个清醒的认识，坚持自主创新，其中包括技术创新、管理创新、经营模式创新以及市场渠道创新等。向创新要效益才是根本的出路。（2）关注大陆宏观经济政策的调整方向。首先是五年一次的国民经济和社会发展的总体发展规划。自 2011 年起，中国大陆开始执行第十二个五年规划（简称“十二五”规划），它对此后五年内经济和社会发展提出了明确目标。对企业来说，把握好大陆经济发展总趋势十分重要，嗅觉敏锐将会给企业带来巨大商机。其次是产业政策，它会指导企业的投资方向。企业必须知道政府在产业发展方面究竟鼓励什么、限制什么和禁止什么。再次，还要关注国务院有关部门出台的重大调控政策，如进出口贸易、环境保护、汇率、劳动保障及土地、房地产政策等。这些调控政策对企业经营成本和市场销售都会造成直接影响。与此同时，企业还应充分注意大陆各大区域发展的态势、特色和政策差别优势所在，要将大陆产业政策和大陆各地不同区域的状况结合起来思考。以上这些，对于企业转型，尤其是易地转型的企业有重要的参考价值。

第三，台资企业融资难的问题尚有待解决

大陆台资企业的融资问题一直备受关注。大陆台资企业一般以中小企业居多，相对来说融资不易，特别是出口型企业，由于近期成本提高，应收账款回收更加困难，流动资金缺乏更是普遍的现象，有的企业甚至因为资金链断裂而陷入关闭的困境。有些台资企业经营业绩越来越好，对获得更充足的资金来实现规模扩张和进一步提升经营业绩的需求也愈加迫切。如果资金问题不能很好地解决，则企业转型升级根本无从谈起。虽然大陆金融市场在不断完善，台资企业的融资也会出现多渠道、多样化的局面，但是“融资难”的问题还未得到完全解决。表 1 所列数据表明，企业在大陆融资困难最主要的原因是跟不上政策调整步伐，贷款门槛高，缺乏担保品，以及少有台湾银行在大陆设立分支机构等。

表 1　台湾企业在大陆融资困难的主要原因①

企业在大陆融资困难的主要原因	综合得分	非常重要（5 分）	较重要（4 分）	一般（3 分）	不太重要（2 分）	不重要（1 分）	没有影响（0 分）
大陆银行贷款政策从紧	50	25.00	25.00	25.00	6.25	0.00	18.75
大陆银行贷款门槛抬高	50	21.43	28.57	21.43	0	7.14	21.43
大陆没有台湾银行机构	50	31.25	18.75	12.50	6.25	6.25	25.00
对大陆金融政策不了解	35.29	5.88	29.41	35.29	0.00	11.76	17.65
外销虽有信用证，难获贷	46.66	13.33	33.33	13.33	6.67	6.67	26.67
产品内销，资金无法回笼	35.72	14.29	21.43	14.29	14.29	7.14	28.57
企业缺少资产抵押	27.27	9.09	18.18	27.27	0	0.00	45.45

① 清台大学台湾研究所在大陆各地台资企业问卷调查整理所得数据（2009 年）。

大陆各级政府对帮助解决台资企业融资难的问题十分重视。1989 年，中国人民银行、原国家计委和国务院台办三家协调取得共识后，经国务院领导同意，决定将台资企业“基本建设投资配套资金”列入国家计划。此后，从 1989 年直至 1997 年，累计共贷给台资企业高达 30 亿元人民币、一亿美元贷款。此举部分解决了台资企业初始资金困难的问题。与此同时，经国务院领导同意，由中国人民银行批准，1994 年和 1997 年，大陆正式批准成立了两家以台商出资为主的台资银行。两家银行均由台湾专业经理人经营，专门为台资企业和台湾同胞服务。其中，拥有一万多客户的上海华一银行自成立以来，利用其在台湾的网络优势，为客户提供了大陆银行所无法做到的周到服务，在大陆台商中口碑甚佳。

2000 年之后，国家开发银行、华夏银行等开始为台资企业列出专项贷款额度，到 2010 年底，台资银行进入大陆设立分行已达到七家之多，这样一来，相信对台资企业融资难的问题肯定会得到较大帮助。但是，总体上说，台资企业融资难的问题仍然存在。

第四，人民币汇率上升对台资企业转型升级产生的不利影响

2007 年以来，人民币汇率逐渐上升对产品外销型企业的冲击很大，至少给企业带来两个方面的影响。首先，如果企业位于出口加工区，而且经营收入基本都是美元，出口销售收入则也相应减少。且采购、工薪和水电费必须以人民币支付，那么人民币升值就会导致公司成本上升。其次，随着企业出口产品利润下降，流动资金被直接占用了。因而，挖掘潜力，降低能耗，关注人民币汇率上升时对企业造成的不利影响，为企业营造一个适应于汇率变动的经营空间，是极为重要的。

三、台资企业转型升级的模式及政府作为分析

事实上，绝大部分台资企业采取的是就地转型升级，但也有一些企业转移投资地区甚至停业。究其原因，一方面是基于对企业转型升级与停业的成本和风险的考量。另一方面，大陆地域广阔，完全可能找到更为廉价的资源，开辟出新的市场，适当的转移对企业发展也有利。

因此，企业如何能够找到一种切实有效的转型升级或转移模式，以及政府如何能够帮助企业将转型升级的风险降至最低，并最终实现企业的持续发展，才是至关重要的。

下面，针对台资企业遇到的主要问题和已有的转型升级实绩，总结了六种模式。

第一种模式是“市场调整型”。产生这种模式的动因是企业所处的外部环境发生剧烈变化，外销成本增加，而内销市场相对看好。企业要对自己的市场战略作出相应调整，减少外销，扩大内销，加强与企业所在投资地区的策略互动，研究并开辟新的细分市场（一、二、三级市场的分工）。为此，政府应积极引导和推进当地民营企业与台资企业合作，增加台资企业对销售市场的了解，同时要营造出公平、公正、公开的良好市场环境，而最重要的是帮助企业领导人树立起通过转型升级实现可持续发展的信心。

第二种模式是“技术提升型”。它主要是因为企业技术层次和水平无法适应外部竞争需要，或者企业生产导致污染严重，尚未达到环保评价标准等原因而产生的。因此，企业必然要从提升内

部技术和管理入手，重构业务流程，加强新产品研发，打造强势品牌，发展循环经济，并把力争进入高科技企业作为目标。当然，产品或技术的研发不仅需要企业内部组建自己的研发中心，可能更重要的是发挥“引智”效应，加强产学研合作。政府对此要做好服务工作，努力营造企业自主创新的环境，实施鼓励创新的政策，而最重要的就是如何发挥政府在搭建融资平台中的公信力，使各类融资机构成为牵引和带动、促进企业技术升级的助跑者。

第三种模式是“产品捆绑型”。很多台资企业是中小企业，各家产品的市场占有率都较低。但若几百家或上千家企业的关联产品（可以是同质产品，也可以是异质产品）捆绑在一起，组建统一卖场，放在同一个市场内销售，就可以扩大销售规模，减少行业“寻租”，节省交易费用，用规模和降低费用来增强市场竞争力。这种模式要求企业间要形成一个共同销售协议；政府则需要提供市场优惠条件，做好市场协调和服务。有些地方的台资企业协会已经在试办这种模式，效果有待于进一步观察。

第四种模式是“企业新生型”。加工贸易类企业采用这种模式较多。其做法是在原地变“加工贸易”为合作或合资企业经营，增加产品市场的灵活性；或者向综合成本较低的地方转移（包括接近市场、土地、劳力相对低廉的地区或原材料供应地）。企业这样做的目的是降低综合成本，提高经营效益。为此，企业原所在地政府要引荐不同地区的不同城市供企业充分选择，并做好转移的善后工作。而企业承接地至少要具有比原投资地明显的特色和优势。同时，政府要克服地方本位主义，解放思想，转变观念，为企业着想，实事求是，做好服务。

第五种模式是“企业整合型”。这种模式产生的动因是同业在低水平上竞争激烈，既增加了企业的外部交易成本，又浪费了市场资源，更严重的是影响了顾客价值的实现。对此，企业应重新定位自己在产业链上的位置，做好上下游整合；依据价值链体系建立策略联盟，作水平整合，或者几家同行业企业重新分工定位，作垂直整合。最终，使各企业可以充分发挥自己的优势，在提升整个行业的竞争力的同时，提高每个企业的市场竞争力。对此，政府要尊重和支持企业的做法，做好各企业的协调工作，用前瞻思维和创新精神来促进这种模式的建立。

第六种模式是“产业改造型”。即企业放弃原来从事的行业，进入具有更高附加值的行业。例如由低层次制造业转为现代农业或现代服务业，或者由制造业的某一行业转向另一行业。企业在这种模式的转型升级中，要利用好自己积累的经验或发挥自己的专长，同时要利用好原有的经营基础，如建立的销售渠道和客户群，着力开辟新的经营领域，以及采取产品的适度多元化策略等。政府要简化办事流程，提高行政效能，为企业的转型升级提供各类信息服务。上述六种模式可用表 2 概括。

对企业来说，无论是转型还是转移均是一件关系重大的系统工程，这与两岸产业关联性和各项政策也有着相当密切的关系，同时也与各地领导的关心和支持力度，与当地产业的创新环境、企业的技术水平、城市的基础设施、环保、劳工、公共事业的承载能力有着密切关系，这些都是企业能否顺利转型或转移的重要条件。尤为重要的是各级、各地政府要提前迈入转型升级的过渡期，从思想、技术和制度等各方面为台资企业的转型升级和转移

表 2　大陆台资企业转型升级模式

模式	动因	目标	方式	政府策略
1. 市场调整型	①外销市场环境变化，如人民币升值，出口退税降低或取消；②内销市场兴旺。	开拓内销市场。	①调整产品开发方向和营销方式；②确定新的市场定位（一、二、三级市场的分工）；③进一步加强与当地经济的结合。	①引荐当地民企与之合作；②协助开发内销市场；③创造良好的公平、公正、公开的市场经营环境，完善相关法规；帮助和鼓励企业领导人建立起信心。
2. 技术提升型	①现有技术落后，产品档次低；②环保未达标。	①开发新产品，力争出“精品”和“特色产品”，形成品牌，提高市场占有率；②实现“两高”企业目标，争取科技企业税收优惠，提高竞争力。	①加强自主研发或与科研院所及高等学校合作开发新产品；②培训提高现有员工素质；③改进生产流程，提高管理水平；④发展循环经济。	①推荐人才，与科研院所结成合作伙伴；②营造自主创新的环境和推出鼓励创新的政策；③提供融资支持。
3. 产品捆绑型	单一企业的产品缺乏良好的市场销路。	把几百家或上千家企业的相关联产品（包括同质或异质产品）捆绑在一起，放在同一个市场内销售，用扩大规模和降低费用来增强市场竞争力，从而提高每一类相关产品的市场占有率。	拥有关联产品的企业签订销售合作协议。	①提供市场优惠条件，组建统一卖场；②组织相关企业，做好协调服务。

续表

模式	动因	目标	方式	政府策略
4. 企业新生型	转变经营形态（如“加工贸易”政策的调整）引发了对改变“加工贸易”经营形态的思考。	①降低综合成本；②在转移中实现转型；③提高附加价值；④改变市场目标，外销转内销。	①在原地变“加工贸易”为合作或合资经营企业，增加产品市场的灵活性；②向综合成本较低的地方转移（包括接近市场、土地、劳力相对低廉的地区或原材料供应地）。	①企业原所在地政府引荐不同地区的不同城市供企业充分选择，并做好善后工作；②企业承接地至少要赶上或超过原企业所在地的投资环境；③解放思想，转变观念，实事求是，做好服务，提高政府办事效率。
5. 企业整合型	同业在低水平上竞争。	①按分工做好上下游整合，完善产业链；②按技术档次建立策略联盟；③降低综合成本，增强竞争力。	①几家同行业企业需要重新分工定位，作垂直整合；②几个同行业企业建立“策略联盟”，作水平整合。	政府要尊重和支持企业，要具有前瞻思维和创新精神，克服本位主义，鼓励企业整合。
6. 产业改造型	放弃原来从事的行业，追求更高附加价值。	①由低层次制造业转为现代农业或现代服务业；②由制造业的某一行业转向另一行业。	①利用自己积累的经验或发挥自己的专长；②利用原有的经营基础，如建立的销售渠道和客户群，开辟新的投资领域；③产品的适度多元化。	①提供信息；②提高政府办事效率。

做好准备。同时要妥善处理台资企业转移后的设备、厂房和员工的安置问题，真诚帮助台商跨越转型升级这一关。

四、立足转型，提升自身竞争力

台资企业要认清形势，坚定信心，立足转型，着力提升自身竞争力。在国际产业分工趋势的推动下，台资企业纷纷来大陆投资设厂，这对大陆改革开放和经济建设起到了积极而重要的作用，对促进两岸经济关系发展和共同繁荣、维护两岸和平稳定大局具有重要意义，也对建立国际产业分工正常秩序起到了积极的作用。产业结构调整和宏观政策措施的实施是贯彻科学发展观的必然要求，也是促进经济又好又快发展以适应国际经济全球化新形势的必然选择。这些措施必将成为台资企业未来转型升级、增强企业综合竞争力的外在压力和推动力。

我们认为，台资企业转型升级最关键的就是要重新打造自己的核心竞争力，这也是转型升级的最终目标。首先，也是最重要的是，竞争力的塑造需要动力。无论是“亡羊补牢”，还是“未雨绸缪”，都需要动力，那就是大陆经济快速崛起所带来的新商机和广阔的发展空间，如大陆二、三级市场的大幅开放就是实证。所以，只要把握机遇，成功就在眼前。其次，要深信竞争力是可以提升的。台资企业在大陆经过 10 ~ 20 年的奋斗，都具备了体现本企业特色的竞争力，这都为企业“更上一层楼”积累了宝贵经验，也为企业发展的新起点打下了良好基础。再者，企业竞争力是可以创造出来的。ECTA 已经签订，且两岸都高度重视台资企业面临的各种挑战，提出了一系列积极措施，企业可以充分利用这些有利条件，扬长避短，激发出新的竞争力。我们相信台资企业在顺应当前世界经济格局大背景的前提下，一定能够在大陆成功转型升级，并进一步在构建两岸和平发展大局中发挥更为积极有效的作用。①

---

① 刘震涛、李应博：《台资企业的转型升级》，2009 年论文。

第八章　两岸农业合作

两岸农业交流开始于1979年，当时主要以海上民间小额贸易方式来进行农产品的交易。在以后的三十年中，两岸农业的交流与合作从形式到内容都有了很大发展，取得了一系列的成效，但同时也呈现出单向、自发、无序和进展相对缓慢的特点。在两岸和平发展的新形势下，探讨如何改善两岸农业交流合作的环境，使两岸农业合作的成果真正造福两岸农民，特别是有效帮助台湾农业提升竞争力等，是非常有意义的。

一、两岸农业投资与农产品贸易

台湾对大陆的农业投资和两岸之间的农产品贸易是两岸农业交流与合作的重要成果。

（一）台湾对大陆的农业投资

1985年10月，台胞邱伏对在福建漳浦注册成立了一家水产养殖公司，此举被学者称为两岸农业合作的先声①。经过二十多年

---

① 张涛等：《从台湾农民创业园看海峡两岸农业合作——以福建省台湾农民创业园为例》，《福建农林大学学报（哲学社会科学版）》，2008年第5期，第24页。

的发展，截至2008年年底，在大陆投资发展的台资农业企业有5900多家，投资大陆农业的台资总额达69亿美元①，投资领域包括种植业、渔业、畜牧业、食品饮料、饲料加工、木竹等。

台湾对大陆的农业投资主要有以下几个方面的特点：

第一，单向性和自发性。首先，台湾当局至今仍限制对大陆农业种植业的投资，除食品、饲料、畜牧业等少数产业外，台商在大陆投资的农业种植业项目均出于台商个人“自发”的行为。因此，在种子、技术、销售等各个环节上均不规范，潜在的风险较高；其次，两岸自2009年4月达成“陆资入岛”的共识之后，台湾当局向大陆开放的三大类192项陆资入台项目中也并未涉及农业，ECFA中也未允许大陆农产品入岛。事实上，直到2011年底，农业还是不允许陆资向岛内投资的项目，单向投资的格局尚未改变。

第二，无序性和波动性。如表1所示，受台湾当局相关政策的影响，农业投资总额波动比较大。从农业产业链上看，农业种植业处于上游原料生产的地位，台湾当局对此严加控制。自台湾当局1987年11月开放台胞赴大陆探亲以来所掀起的第一波投资热潮（1988～1992年）中，少量经营农产品的台商开始在海南等地“偷偷”种植“反季节”瓜果和芦笋作物，有些还从事水产养虾等活动。台湾食品业“龙头”企业统一集团于1992年率先在新疆乌鲁木齐以当地品质优良的西红柿为原料，公开投资西红柿（番茄）酱生产项目，产生了相当大的影响。之后，食品业中的一

---

① 张意轩、李屹：《海峡两岸农业合作进入“深耕细作”阶段》，《中国工商报》，2009年8月14日，第3版。

些中小企业纷纷到大陆考察，如旺旺、顶新等，并相继来大陆投资以米面为原料的食品加工业。

1992年，邓小平同志南方讲话之后，大陆加大了对外开放的力度，台湾中小企业掀起了投资大陆的高潮。同时，从1992年开始，台湾的民间农业和渔业组织相继来大陆与农业部门联系，积极推动与大陆的务实合作，双方在认真调研的基础上确定了分别在海南、福建、浙江等地，实施涉及海上渔船补给、水产品加工、水果栽培技术等方面的合作项目。仅1993年一年，台商对农业的投资额就超过了1992年以前数年的投资总额，食品及农产品加工业所占比重随之上升，到1994年，占了台商投资大陆总投资额的15.16%。

不久，李登辉利用所谓的“千岛湖事件”，严令禁止两岸所有的农、渔业交流与合作项目，这严重打击了两岸农业合作的良好势头，反映在1995、1996两年台商的农业投资只占总投资额的0.20%和0.58%①。

大陆方面为了推进两岸农业合作，从1995年开始研究设立两岸农业合作试验区，2000以后研究设立了台湾农民创业园，为台湾向大陆投资农业种植业创造条件。但是受限于政策，台湾投资大陆农业的主体至今还不完全是台湾的农民或农会组织，而是投资于农业生产、加工或流通领域的台商，因此投资的布局基本上是无序的、随机的，与台商本人的“兴趣”和他们与台湾农业的联系及掌握的资源有一定的关系。

---

① 李岳云、董宏宇：《海峡两岸农产品贸易与农业投资合作》，《中国农村经济》，2003年第7期，第68页。

表 1　1993 ~ 2008 年被核准的台湾对大陆农业和食品业[1]直接投资情况表

年份	农业			食品业			农业和食品业		
	投资额（千美元）	占对大陆直接投资总额的比重(%)	项目数（个）	投资额（千美元）	占对大陆直接投资总额的比重(%)	项目数（个）	投资额（千美元）	占对大陆直接投资总额的比重（%）	项目数（个）
1993	29568	0.93	152	324555	10.24	791	354，123	11.18	943
1994	9464	0.98	13	145846	15.16	73	155，310	16.14	86
1995	2149	0.20	4	117447	10.75	32	119，596	10.94	36
1996	7100	0.58	3	121702	9.90	30	128，802	10.48	33
1997	48646	1.12	210	333073	7.68	1151	381，719	8.81	1361
1998	21025	1.03	24	70045	3.44	57	91，070	4.48	81
1999	4629	0.37	5	58250	4.65	19	62，879	5.02	24
2000	5752	0.22	6	43253	1.66	10	49，005	1.88	16
2001	10389	0.37	6	58420	2.10	26	68，809	2.47	32
2002	28670	0.43	47	152939	2.27	93	181，609	2.70	140
2003	37270	0.48	54	353050	4.59	105	390，320	5.07	159
2004	3722	0.05	5	89594	1.29	34	93，316	1.34	39
2005	7893	0.13	4	53430	0.89	28	61，323	1.02	32
2006	8960	0.12	3	99708	1.30	20	108，668	1.42	23
2007	17104	0.17	8	71648	0.72	14	88，752	0.89	22
2008	15558	0.15	4	240222	2.25	24	255，780	2.39	28

注：这里的农业指 Agriculture，Forestry，Fishery and Animal Husbandry，食品业指 Food & Beverage Manufacturing。

资料来源：《Taiwan Statistical Data Book 2009》Council for Economic Planning and Development，Executive Yuan，R. O. C.（Taiwan），June 2009。

第三，从总体上来看，台商对大陆的农业投资偏向于食品加工业，而投资于农业种植业、渔业、畜牧业等领域的金额相对偏低（如表图 1 所示）。可以看出，从 1993 年到 2008 年台商农业投资额虽有波动但变化不明显。江苏是两岸农业合作的重要省份之一，从2005年台商投资江苏农业的分行业情况可以看出，台商农业投资的领域主要是农产品加工业，其中又以食品加工、园艺加工及种植为主。如表2所示。

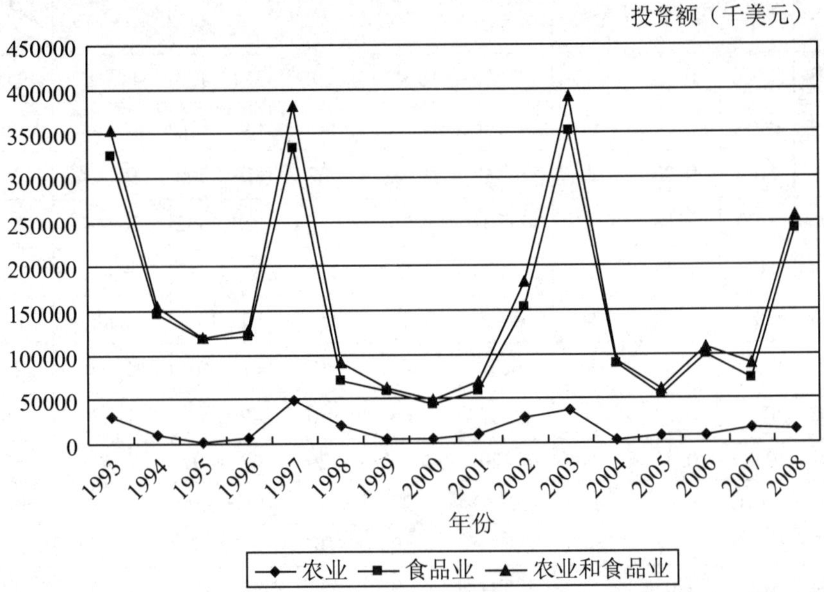

图1　1993－2008年台湾对大陆农业和食品业直接投资变动图

第四，农业投资以大陆内销市场为主。台商投资农产品加工业和食品业以开拓大陆内销市场为主要目的。许多台资企业，如“康师傅”、“统一”、“旺旺”等企业的产品已在大陆拥有很高的市场占有率，品牌价值已经显现。

第五，农业投资企业以独资为主。2005年、2006年台商投资江苏农业企业的独资经营情况如表3所示。从项目个数、总投资额、合同金额和实际到账金额四个方面考察，独资经营的比例都在70%以上，这种现象反映了两岸农业合作中的一个不足之处，即台湾在大陆投资的农业项目对大陆农业、农村和农民的辐射作用比较弱。

表 2　2005 年台商投资江苏农业的分行业情况

投资行业	食品加工	园艺加工及种植	畜禽养殖及加工	林产品种植及加工	水产品加工	其他[①]
项目个数	29	31	9	14	3	51
实际利用金额（万美元）	3494.00	2050.5	512	758.48	224.2	3376.41
占总利用金额比（%）	33.55	20.69	4.92	7.28	2.15	32.42

注 ①：这里的其他包括蚕茧加工等几种前面未包括的行业以及一些带有综合性质的农业投资。

资料来源：杜强，《两岸农业投资合作分析：以江苏省为例》，《管理观察》2008 年第 10 期，第 204 页。

表 3　台商投资江苏农业企业独资经营情况

单位：万美元，%

年份	项目个数	占比	总投资额	占比	合同金额	占比	实际到账金额	占比
2005	99	77.3	27704	85.5	26844	87.1	7328	70.4
2006	91	75.8	38292	80.5	36781	82.9	5125	72.0

资料来源：蒋颖：《海峡两岸农产品贸易依存度分析》，《福建农林大学学报（哲学社会科学版）》，2006 年第 3 期。

（二）两岸农产品贸易

两岸农产品贸易自 1979 年至今，经过三十年的发展，贸易额在波动中不断增加，大陆已经成为台湾重要的农产品贸易伙伴。根据蒋颖的研究，两岸的农产品贸易依存度有上升趋势，而且台湾对大陆市场的依赖程度要高于大陆对台湾市场的依赖程度①。

表 4　1989 – 2005 年台湾与大陆农产品贸易情况

单位：千美元，%

年份	台湾农产品进口总值	自大陆进口总值	自大陆出口总值	出口至大陆总值	出口大陆比例	与大陆农产品贸易顺差
1989	6285416	75596	1.20			
1990	6129255	113075	1.84			
1991	6352613	162254	2.55			
1992	7502857	215529	2.87	111	0.00	-215418
1993	7798914	290397	3.72	123	0.00	-290274
1994	8513677	347856	4.27	3773	0.00	-344083
1995	9774010	421870	4.32	5819	0.10	-416050
1996	9986572	380504	3.81	17143	0.31	-363360
1997	9920889	388697	3.92	14557	0.37	-374139
1998	7795197	290493	3.73	22597	0.72	-267895
1999	7630304	279918	3.67	35265	1.14	-244653
2000	7590353	321314	4.23	50455	1.54	-270858
2001	6850690	262199	3.83	48890	1.61	-213308
2002	7.079722	367248	5.19	66350	2.11	-300898
2003	7781961	408694	5.25	175596	5.42	-233098
2004	8833688	501192	5.67	291772	8.22	-209420
2005	9355061	567517	6.07	361064	10.07	-206453
2006	9428077	562832	5.97	430158	13.04	-132674

① 蒋颖：《海峡两岸农产品贸易依存度分析》，《福建农林大学学报（哲学社会科学版）》2006 年第 3 期。

续表

年份	台湾农产品进口总值	自大陆进口总值	自大陆出口总值	出口至大陆总值	出口大陆比例	与大陆农产品贸易顺差
2007	10455936	711812	6.81	430740	12.54	-281071
2008	12121177	717796	5.92	436465	11.33	-281331

资料来源：台湾“行政院”农业委员会台湾农产品外销网 http：//trade. coa. gov. tw61。

两岸农产品贸易主要表现为以下几个特点：

第一，两岸农产品贸易在波动中不断发展，贸易量不断扩大，但总的来说发展缓慢。如表所示，台湾自大陆进口总值由 1989 年的 0.76 亿美元增加到 2008 年的 7.17 亿美元，自大陆进口比例也由 1989 年的 1.20% 提高到 2007 年的 6.81%。同时，出口至大陆的农产品总值由 1995 年的 11.1 万美元增加到 2008 年的 4.36 亿美元，达到历史最高水平，出口至大陆的比例从 2005 年到 2008 年一直保持在 10% 以上。

第二，台湾农产品贸易对大陆一直保持逆差。如表所示，台湾农产品贸易对大陆一直保持逆差，逆差额在 2.06 ~ 4.16 亿美元之间波动。加入 WTO 之后的 2002 ~ 2005 年，两岸农产品贸易呈稳定的上升趋势，表现在几个方面：（1）台湾农产品自大陆进口总值和比例逐年增加；（2）台湾农产品出口至大陆的总值和比例逐年增加；（3）台湾对大陆农产品贸易逆差逐年减小。逆差由 2002 年的 3.01 亿美元减小至 2005 年的 2.06 亿美元，2006 年的逆差值达到历年最低，为 1.32 亿元。但是 2007 年和 2008 年，台湾对大陆农产品贸易逆差又有回升，达到 2.8 亿美元。大家清楚，两岸贸易中台湾处于绝对的顺差地位，但两岸农产品贸易却例外，台湾处于逆差地位。这是因为在两岸农产品贸易中，台湾对大陆是采取有选择的贸易策略。

第三，两岸农产品贸易基本体现了比较优势的原则，呈现出较强的互补性。如台湾由大陆进口植物性中药材、酒类等，而向大陆出口花卉及种苗、热带水果、远洋渔产品、皮革等具有竞争优势的农产品。

第四，在一些种类的农产品上，大陆已经成为台湾重要的进出口市场。如在牛皮革、猪皮革、羊毛、其他农业产品、羽毛及羽绒等农产品的出口上，大陆是台湾排名第二、三位的重要市场；在玉米、杂类、其他农业产品、牛皮革、棉花等农产品的进口上，大陆也是台湾排名第二、三位的重要市场。[①] 2008 年，在鱿鱼、冷冻水产品出口上，大陆已经成为台湾最大的出口地，占台湾此类水产品出口总值的 30. 5%；在牛、皮革的出口上，大陆成为台湾仅次于香港的出口地，占台湾此类农产品出口总值的 27. 2%；在羽毛及羽绒的出口上，大陆是仅次于日本的出口地，占台湾此类从产品出口总值的 14. 0%。[②]

第五，大陆在台湾农产品对外贸易中扮演越来越重要的角色。1999 年，大陆首次进入台湾农产品的前十大出口市场之列（位居第十名），且其名次呈逐年上升的趋势，2004 年，大陆已晋升为台湾农产品十大出口市场的第四名，仅次于台湾农产品传统的三

---

① 陆云：《两岸农业经贸关系与发展》：http：//www. huaxia. com/zt/pl/05 - 073/2005/00382205. htm。

② 数据资料来源于台湾“行政院”农业委员会台湾农产品外销网。

大出口市场：日本、中国香港与美国。① 而2006～2008 年，中国大陆已稳居台湾农产品出口市场的前三甲（如表 5 所示）。

表 5　2006～2008 年台湾主要农产品五大出口市场和进口市场

排名		1	2	3	4	5
2006	出口市场	日本	香港	中国大陆	美国	越南
	进口市场	美国	澳大利亚	日本	马来西亚	中国大陆
2007	出口市场	日本	香港	中国大陆	美国	越南
	进口市场	美国	中国大陆	日本	澳大利亚	马来西亚
2008	出口市场	日本	中国大陆	香港	美国	越南
	进口市场	美国	日本	澳大利亚	中国大陆	马来西亚

（三）存在的问题

由于台湾当局的人为限制，两岸农产品贸易至今仍基本处于“单向”状态，大陆市场对台湾商品全面开放，台湾当局却出于种种考虑，采取了限制大陆农产品进口的政策。《台湾地区与大陆地区贸易许可办法》规定了两岸农产品贸易和投资采取“间接贸易”和“正面列表”的方式进行有限交流，“间接贸易”一直延续到两岸均加入 WTO 组织之后的 2002 年，而限制性的“正面列表”则实施至今。目前，台湾地区所有贸易货品中农产品有 2246 项，截至 2008 年 2 月 15 日，台湾地区允许自大陆进口（含有条件进口）的农产品 1415 项（占全部农产品的 63%）②。

① 陆云：《两岸农业经贸关系与发展》：http：//www. huaxia. com/zt/pl/05 – 073/2005/00382205. htm。

② 商务部网站 http：//tga. mofcom. gov. cn/aarticle/a/jinqidongtai/200805/20080505548130. html。

事实上，政治因素是进一步发展两岸农产品贸易的最大障碍。台湾当局在担心台湾农业技术跟着水果登陆而转移①以及保护台湾农业竞争力、保护台湾农民利益等借口下，拒绝开展两岸农业合作与扩大农产品贸易。此外，台美贸易对台湾农产品贸易具有深刻的影响，美国一直是台湾重要的贸易对象，而农产品贸易一直扮演着平衡台美贸易的重要角色。

二、两岸农业交流与合作平台的建设

（一）各种形式的农业交流

两岸的农业交流具有广泛性，从先期以学术研讨、技术交流等为主要形式到逐渐进入相互参观考察的深入阶段。

事实上，参与两岸农业交流与合作的人员在不断增加，层次不断提高，范围不断扩大，内容不断丰富。交流的人员除了企业界人士外，还包括众多的农业专家、教授与农业社团组织，两岸高层级学术研讨会上，双方主要的官员也以专家身份直接参与交流；交流的内容包括农业发展方向的探讨、农业合作模式的讨论、农业管理经验的交流、农业技术、水土保持、农田水利、农产品批发市场建设和运作、农村经济组织的构架与运作等领域②。

---

① 单玉丽：《台湾农产品贸易的困境与出路》，《亚太经济》，2006年第4期，第77页。

② 常英伟、黄景贵：《台湾资本在海南农业中的投资现状、绩效、问题及对策分析》，《海南广播电视大学学报》，2005年第4期，第68页。

关于技术交流，早在20世纪70年代就有台湾部分优良品种经第三地引进大陆。两岸政策开放后，大陆从台湾引进的种源与优良品种的范围和种类不断增加，台湾也逐渐从大陆引进种源。更多的技术交流还是通过台商投资于大陆农业领域来实现的，这使得大陆在植物培养、脱毒技术、工厂化育苗技术、速冻保鲜、包装技术、畜产品综合深加工、有机生物肥等领域取得了较大进展。①

目前，两岸农业的交流与合作除了通过各种形式的论坛、研讨会、博览会等来促进农业技术、农业市场信息的沟通外，2009年7月20日~22日由农业部海峡两岸农业交流协会与台湾省农会共同主办、在上海朱家角镇举行的首届“两岸乡村座谈——大交流背景下两岸基层农业交流与合作”活动，则标志着两岸农业的交流与合作已经从单纯的技术层面和农产品贸易阶段步入了两岸基层农业生产者、组织者直接交流和沟通的新阶段。②

（二）海峡两岸农业合作试验区和农民创业园

虽然在1990年前后，台湾农业开始陆续投资大陆，但受气候、土壤、环境的影响，投资地域主要集中在海南、福建、江苏等地，且规模不大，小的只有几十亩地，大的不过二三百亩地，多以蔬菜、花卉水果和养殖业为主。1991年，笔者随国务院领导去海南考察，看到了几家由台湾农民经营的“反季节”甜瓜，品

---

① 吴爽：《两岸农业产业交流现状、问题与对策》，《科技创业》，2007年第5期，第91页。

② 葛风章、金雷：《“大三通”背景下两岸基层农业交流与合作——两岸乡村座谈会侧记》，《两岸关系》，2009年第8期，第46页。

质较好，市场也欢迎，但据说这还不是台湾最好的品种。随着农业各项交流的展开，大陆对台湾农业有了较为全面、深入的了解，再加上这些先期进入大陆投资农业的实践，也为我们提供了很多经验，使我们逐渐地对深化两岸农业合作有了新的思维，于是开创两岸农业合作试验区的模式应运而生。归纳起来，成立试验区的目的有三个：（1）引进先进的农业技术，并使知识产权方面得到保护；（2）创造条件将分散的小规模的农业经营，扩大成规模经营，增强规模效应；（3）结合大陆农村的实际情况，吸收台湾农业组织的某些成功经验，改善大陆农业经营管理状况。类似的如海峡两岸农业交流协会会长于永维高度概括的“四个作用”：探路作用、窗口作用、示范作用和辐射作用。而“农民创业园”主要是为了方便台湾个体农民在大陆创业而设置的平台。可见，建立两岸农业合作试验区和台湾农民创业园的目的不尽相同。

自 1997 年 7 月国台办、原外经贸部、农业部批准福建福州、漳州两市为大陆首批海峡两岸农业合作试验区起，至今全大陆已有 9 省（直辖市）相继成立了海峡两岸农业合作试验区。自 2006 年 4 月 10 日，农业部和国台办批准在山东栖霞和福建漳浦设立了首批台湾农民创业园起，至今全大陆已有 8 省相继设立了台湾农民创业园。表 6 所示为两岸农业合作试验区和台湾农民创业园一览表。

这些海峡两岸农业合作试验区和农民创业园的建立在促进两岸农业交流与合作方面取得了良好的成效。到 2006 年年底，两岸农业气体试验区内约有 4500 家经营者，占在大陆发展的台湾农业投资企业总数的 73%，实际利用台资达 50 亿美元，占台商投资大

表6　大陆海峡两岸农业合作试验区与农民创业园一览表

合作平台	设立时间	审批单位	设立地区
海峡两岸农业合作试验区	1997年7月	国务院	福建（漳州、福州）
	1999年3月	农业部、原外经贸部、国台办	黑龙江（农垦示范区、哈尔滨、牡丹江、佳木斯、大庆）、山东（平度）、海南省
	2001年4月		陕西（杨凌）
	2005年7月		福建省
	2006年4月		广西（玉林）、广东（佛山、湛江）
	2006年10月		江苏（扬州、昆山）、上海郊区
农民创业园	2006年4月	农业部、国台办	福建（漳浦）、山东（栖霞）
	2006年10月		四川（新津）、重庆（北碚）
	2008年2月		福建（漳平永福）、湖北（武汉黄陂）、广东（珠海金湾）、江苏（无锡锡）山）
	2008年12月		江苏（南京江宁）、广东（汕头潮南）、云南（昆明石林）
	2009年5月		福建（莆田仙游）、福建（三明清流）、安徽（巢湖和县）、江苏（淮安淮阴）

根据 http：//www. chinataiwan. org/zt/jlzt/agricultural20y/cyy/与 http：//www. chinataiwan. org/zt/jlzt/agricultural20y/syq/整理。

陆农业实际投资金额的79%左右。① 各试验区和创业园从台湾引进了大量优质农产品良种技术，充分利用和发挥项目的带动作用，形成了规模化的台资集中区。台资农业企业和台湾农民带来了先进的经济组织模式、管理经验，也增进了两岸人民的感情交流②。

① 《2009年台湾经济年鉴》，经济日报社，2010年5月版，第86页。

② 张涛、袁弟顺、郑金贵：《在新形势下加速构建海峡两岸农业合作新格局——基于对七个海峡两岸农业合作试验区和台湾农民创业园的调研》，《福建农林大学学报（哲学社会科学版）》，2009年第2期，第16－17页。

尽管海峡两岸农业试验区和台湾农民创业园在许多方面取得了显著的成效，但是也存在一些问题，使得园区的功能没有得到充分的发挥。笔者根据对海峡两岸农业试验区和农民创业园的实地走访，发现主要有以下几个方面的问题：

第一，园区定位模糊。不少地方已将两岸农业合作试验区悄悄地变成了当地政府对外招商引资的新平台，投资的并非全是农业或与农业相关的企业，各行各业的企业都有，与经济技术开发区区别不明显。政府在招商的过程中，不一定要台资企业，只看实力，谁的实力强谁就可以到园区来投资。因此，有些园区 50 家企业中台资企业不到 10 家，而且主要以内资为主。

第二，政府扶持政策不到位。无论是“试验区”还是“创业园”，目前均无特殊的优惠政策，加上园区面积一般都只有几平方公里到几十平方公里的范围，区内农户遍布，较难形成整块可耕地，因此有人形容园区是“无政策、无优惠、无支持”的“三无”园区。由于实际能用的土地比较少，建设必要的基础设施还需搬迁农户，使得可出让的农地成本过高，同时当地政府希望引进技术和管理水平较高的项目，但一些台资企业又达不到要求，就只好放弃了。事实上，由于缺乏比较利益及农业投资回收期长等因素，再加上农业贷款没有保障，农业投资不是企业的最优选择。而真正有意前来大陆投资农业的也绝非财团、农业企业，而是“小农户”，但由于土地成本太高，他们不一定会选择“农业合作试验区”和“农民创业园”。这表明“园区在替有意前往大陆投资的台商、台农排除各种投资障碍，降低其农业项目投资风险方面做得还很不够”。①

第三，没有真正体现出“合作”。在试验区内，很多台资企业都是独资经营，试验区只是负责提供基础设施，台资企业的技术溢出效应低，同时区内的农业和区外的农业并无联系，甚至于区内有些台农害怕区外大陆农民“偷学”技术而采取“封闭”政策，并没有真正体现出两岸农业的合作关系，更谈不上合作的成效。

第四，发展观光农业中的土地问题。现在许多城市对农业发展的定位是发展都市农业，因此借鉴台湾的成功经验在试验园内发展休闲、观光农业，而发展休闲、观光农业就意味着会有餐厅、招待所及其他必要的配套设施，而这些设施所占用的土地并不属于农业用地，为了降低用地成本就会千方百计地让相关服务与农业挂钩，造成事实上侵占农业用地的情况发生，这是在园区开发和营运过程中存在的一个比较棘手的问题。

第五，对台湾农业知识产权的保护重视不够，措施不力。目前，大陆对台湾农业知识产权的侵害问题比较严重，抢注台湾农特产品地名、仿冒以及各种商标抢注案件时有发生。这一情况的出现，已严重影响了大陆消费者对台湾水果的信心，是今后销售必须面对的严峻考验②。

---

① 练卜鸣：《浅论两岸农业合作交流的迷思与前景》，《台湾农业探索》，2009 年第 4 期，第 12 – 13 页。

② 《2009 中华民国 98 年经济年鉴》，经济日报社，2009 年 5 月版，第 87 页。

三、两岸农业交流与合作的特点和发展趋势

目前，两岸农业交流与合作的特点和发展趋势主要表现在以下几个方面：

（一）以农产品贸易为主

农产品贸易是两岸农业交流与合作最活跃的部分，贸易量在波动中不断攀升。由于两岸农业内部结构不同，农产品的种类和质量也有不同，所以两岸民众对农产品的需求有一定的互补性，这就为两岸农产品贸易客观上提供了动力。同时，两岸又各有其具有竞争优势的产品，如台湾的水果和花卉，大陆的中药材、名烟名酒等。两岸农产品贸易的依存度在不断提升，2008 年中国大陆已经位列台湾农产品出口市场的第二名（见表 5）。这一切都还是在台湾当局对大陆实行严格的农产品贸易限制下实现的，因此，未来随着两岸政治关系的不断缓和，台湾对农产品的贸易政策限制会逐步放宽，特别是随着 ECTA 的签订，大陆单方面在早期收获清单中同意 18 种农、渔产品零关税进入大陆。另外，台湾农产品的特色已逐渐被大陆广大消费者所了解，时节性采购台湾水果等贸易活动逐步制度化，这些无疑对两岸农产品贸易起到了加速作用，两岸农产品贸易的前景会更加乐观。

（二）投资规模相对较小，地区分布不均匀

由于农业属于缺乏比较利益的产业，投资回收期长，加上台

湾在政策上的限制，所以愿意到大陆投资农业，尤其是种植业、畜牧业、渔业、林业等农业初级产品的农、渔民并不多。主要是一些早期在大陆投资的台湾中小企业由于转型而“半路出家”为农业生产企业，以及原本从事食品加工业的农业生产企业，因此投资规模都不是很大。2006～2008 年，台湾到大陆投资的农业项目共 15 个，投资额共 4162.2 万美元，平均每个项目为 277.48 万美元，仅占台湾对大陆投资总额比重的 0.15%。同时，台商对大陆农业投资地区分布不均。2003 年经济投资区域以大陆东南沿海地区为主，主要集中在福建、海南、江苏、上海、广东、浙江、山东 7 个省（市），约占农业投资总额的 80%①，目前已出现投资重心逐渐向四川、重庆、内蒙古等省市区转移的趋势。但是受到大陆人民生活水平日益提升、内销市场不断扩大的影响，人们对农产品品质和品种的多样化要求越来越迫切，激起了两岸投资者的热情，投资规模逐渐扩大。并且农业企业对农业生产基地的选择也更多地与物流、市场条件、当地农业基础资源相结合，出现了相对集中的新格局，这无疑是今后两岸农业合作的新趋势。

（三）规模化经营，发展产业链，形成供应链，推进市场化

现代产业发展的重要趋势之一就是一、二、三产界限日益模糊，未来的农业会包括种植、加工、旅游、培训、展销等一系列

---

① 李岳云、董宏宇：《海峡两岸农产品贸易与农业投资合作》，《中国农村经济》，2003 年第 7 期，第 68 页。

关联产业，逐步实现“经营规模化，发展产业链，形成供应链，推进市场化”，有专家称其为“‘一产’+‘二产’+‘三产’=‘第六产业’”。台资农业企业“公司+农户”“公司+专业合作社+农户”“公司+基地+农户”等相关经营模式和理念正逐步渗透到两岸农业合作中，带动了大陆农业企业的发展，成为未来两岸农业合作发展的主要趋势之一。天福集团就是一个成功的典范。

1992年，在台湾企业经营面临重大危机的台商李瑞河，到福建漳浦创建了天福集团。2010年，天福集团在中国大陆开设了967家“天福茗茶”直营连锁店，天福集团现有天福茶业有限公司茶厂（福建漳州）、天元茶业有限公司茶厂（福建福州）、夹江天福观光茶园有限公司茶厂（四川乐山）、天仁食品厂（福建漳州）、天福茶食品厂（四川乐山）、安溪天福铁观音茶厂、华安天福铁观音茶厂、天福龙井茶厂（浙江新昌）、天福普洱茶厂（云南昆明）等九家生产工厂，两家茶博物院，两个高速公路服务区，一个“唐山过台湾”石雕园，全球第一所茶专业高校——天福茶学院。天福集团集茶业生产、加工、销售、科研、文化、教育、旅游为一体，是当前世界最大的茶业综合企业①。

（四）发展精致农业、特色农业、休闲农业

发展精致农业、特色农业和休闲农业是未来两岸农业合作的又一个趋势。从1965年成立第一家观光农园开始，台湾休闲农业

---

① http：//www1. tenfu. com/about/about. asp

已经走过了30多年的发展历程，特别是到20世纪80年代以后，台湾休闲农业发展迅速，呈现出观光农园、市民农园、教育农园、休闲农场、休闲森林、休闲民宿等多元化的发展形态。近年来，台湾又将休闲农业的发展目标定位在“国际观光水准”上，休闲农业由简单的观光农园发展到综合性的休闲农场、休闲农业区①。虽然台湾土地面积有限，但这类观光农业园具有“小而优”、“小而特”的特色。因此，台湾发展休闲农业的成功经验将成为两岸农业合作的又一亮点。台商王九全在江苏昆山创办的“星期九农庄”已经被打造成为海峡两岸农业合作的“优秀试验田”，2009年6月9日正式被命名为海峡两岸农业合作试验区首个示范点。

星期九农庄又名“星期九休闲生态农庄”，农庄实行多元化发展，集生态美食、动物、蔬果采摘、特色餐饮、香草、花卉于一体，几乎融合了所有农庄的休闲功能。与其他农庄的不同之处在于，它不仅提供了休闲度假场所，还运用了台湾的很多先进农业科技，如广泛使用已经获得多国专利的游龙播种器和“醋菌”，从而提升自身产品的品质②。农庄虽然规模不算大，但堪称形成了“小而特”、“小而美”的农业新形态。

四、如何改进、提高两岸农业的合作水平

两岸农业虽然处于农业发展的不同阶段，但都是小农经济。

---

① 林国华、曾玉荣、刘荣章、李建华：《台湾休闲农业发展模式与经验探讨》，《台湾农业探索》，2007.4，P16。

② 郭斐斐：《“星期九农庄”打造海峡两岸农业合作“优秀试验田”》，http：//www.agri.gov.cn/kjtg/t20090710_1308878.htm。

因此，无论是马英九上台后积极倡导的“小地主大佃农”① 的政策，还是大陆各级政府为解决“三农问题”而采取的各种措施，如实施土地流转、颁布《农民专业合作社法》等，最终的目的都是相同的，那就是提高农业生产力，维护农民的利益，提高农民的生活水平。因此，两岸农民有共同的处境、共同的需求，同时也面临共同的挑战，如何对两岸农业进行合理的分工，优势互补，使两岸农业有更好的发展前景、两岸农民过上更幸福的生活，应该是两岸农业合作的最终目标。如何改进、提高两岸农业合作的水平，我们认为应该做好以下几方面的工作：

（一）合作主体回归到两岸农民，避免被商人操纵

目前两岸农业合作应该说有了一定的基础，但合作的主体双方都不是农民，只有真正让农民到位才可能使两岸农业合作有序、可持续地发展。所谓让农民到位并非指一切都由两岸农民操作，而否定政府和相关农业组织在技术、通路、管理等各个环节的作用，而是指要让两岸农民直接参与交流合作，并成为主要受益者。这应该成为两岸农业合作的主要目标和当前要共同努力解决的根本问题。农业是农民赖以生存的产业，改善农民生活是两岸共同的愿望，从这个意义上说，两岸农业合作不能只有商人获大利，而农民仅靠力所能及地提供初级产品获小利或微利或仅仅拿到一

---

① “小地主大佃农”政策，即将农民所有的土地转让给经营者承包，双方签订合约，规定经营者须每年向农民缴纳相当的转让租金，农民是土地的主人，简称“地主”，由于每户所拥有的土地不多，故称“小地主”；而经营者承租农田成了“佃农”，一般一个经营者可承租多户农田，故称为“大佃农”。

点工资而已。要改变这种状况，可以考虑让台湾农民把所掌握的技术通过正常渠道直接转让给大陆农民并获得相应的“权利金”，而大陆农民可以通过转让得到的技术增加利益（这种技术有多大价值，大陆农民可以自行判断）。两岸农业合作试验区可以发挥试验和辐射的功能，使促进大陆农业发展和提高农民收入成为试验区一个必尽的职责，这种机制应该尽快形成。这就要求相关地方各级政府导正试验区建设的方向，采取更加务实的措施，多替有意前往大陆投资的台商、台农着想，排除各种投资障碍，降低其农业项目投资风险，如推行农业保险制度、建立农村信息服务体系、协助台湾农产品进入大陆市场等。同时逐步形成技术推广服务体系，帮助周边农民掌握新技术，指导建立新的农业经营模式，树立市场观念，尊重知识产权。另外，从台湾进入大陆的农产品应该尽量减少中间环节，降低销售成本，由农民获得更多的实际利益。通过这些方面的努力，为促成两岸农业合作创造良好的环境。目前，有些地区已经采取了一些相关的政策措施为台商、台农服务。如2009年5月，福建省通过大陆首个对台农业合作地方性法规，明确赋予台湾同胞同等待遇，并对台胞融资、用地等问题作出规定。①

（二）建立以市场为导向的产业合作模式

台湾在一些农产品（如花卉、水果等）技术的研发与传播、农业金融制度、农业推广体系、土地经营方式、农产运销制度、

① 张意轩、李屹：《两岸农业合作迈向“深耕”》，《人民日报（海外版）》，2009年7月21日第3版。

农业社会化服务等方面有一定的优势，但是台湾农业发展以内销为主，对岛外市场重视不够，开发不足。虽然近年来台湾所产优质农产品的海外促销已略有绩效，但也凸显出台湾农产品海外营销面临的诸多问题，如欠缺对大陆水果市场及销售通路的了解，更缺乏以外销为导向的稳定供货结构等。因此，两岸应该建立以市场为导向的产业合作模式，以市场潜力大、消费水平不断提高的大陆市场为依托，充分发挥各自的比较优势，尽量避免两岸农业因生产结构相同、贸易结构相似、国外市场相近所导致的恶性竞争，共同拓展世界农产品市场。①

（三）进一步拓展两岸农业合作的空间

两岸农业技术交流在范围、规模上都取得了非常大的进展，包括种植业产品、养殖业产品、畜产品、水产品等农业技术本身，还包括一些设施等。但是合作的深度还不够，尤其是在一些关键的技术和品种的引进上，还没有建立一个正常的制度化渠道。

未来两岸农业技术的交流除了在已有的基础上继续深化之外，还应该包含农业管理、农田管理②。

台湾的农民本身不掌握资金、技术、市场，主要依靠农会形式的群众组织的帮助进行农业活动。台湾的农会制度运作已经非

---

① 于永维先生对记者讲的一段话。张意轩：《两岸农业合作，空间太大了》，《人民日报（海外版）》，2009 年 4 月 16 日第 3 版。

② 台湾台中县议员冉龄轩答记者问。程杰：《海峡两岸共谋农业合作新发展——访台湾台中县议员冉龄轩》，《华夏星火》，2009 年第 1 期，第 33 – 34 页。

常成熟，农业生产指导、农业技术推广、农业生产资料的供应、农产品供销渠道以及所需资金的运作，全部由农会来组织和执行。在这方面大陆也应该加大和台湾开展合作的力度。

因此，推动两岸农业基层合作组织之间的交流与合作也是未来两岸农业合作的重要方向之一。2009 年 7 月，在上海举办的首届“两岸乡村座谈——大交流背景下两岸基层农业交流与合作”活动中，两岸 60 个乡村结成 30 个帮扶合作对子。结成帮扶合作对子的乡村将依据各自特点，开展更有针对性、更深入的交流与合作。活动中，台湾省农会总干事张永成宣读了五点共同建议：构筑两岸基层乡村定期对话交流平台；建立日常协调沟通工作机构，切实维护和发展两岸农民利益，加强两岸农业传统文化交流；促进两岸乡村“结对子”。会议还把两岸丰富多彩的民俗、艺术、文体等乡土文化列入了农业交流的内容①中，这表明两岸农业的交流与合作已经开始进入了一个新的阶段。

（四）充分利用台湾的农业技术，但要保护台湾农业的知识产权

近半世纪来，台湾在农业科技的发展上已创造了许多堪称世界典范的例子，诸如高接梨、冬季葡萄及莲雾、香蕉与蝴蝶兰组织培养、热带水果产期调节的应用、白毛鸭、三品种杂交猪的培育、鱼虾类人工繁殖、近海箱网养殖技术等，特别是生物科技的演进对农业发展产生了深远的影响，主要成果包括品种改良、动

① 葛凤章、金雷：《“大三通”背景下两岸基层农业交流与合作——两岸乡村座谈会侧记》，《两岸关系》，2009 年第 8 期，第 46 页。

植物病虫害防治、生产及管理技术的改进、农业生物技术研究的开发与应用等方面。因此，大陆应该通过两岸农业合作，充分利用台湾先进的农业技术，加强与台湾农业科技发展中重点领域、优势农业科技、作物种源及微生物资源以及农产品质量安全技术等方面的合作①。

在引进台湾先进农业技术的时候，最关键的一个问题就是要切实保护好台湾方面在相关技术上的知识产权。台湾当局一直坚持不开放农业向大陆投资的政策，这迫使台湾一部分有意愿到大陆投资农业的企业和个人将投资活动转入“地下”。据了解，有的夹带种子到大陆播种，有的将果树苗、枝“偷运”到大陆，有的还将在大陆生产的茶叶等农产品通过“特殊”管道返销到台湾，并以台湾高山茶、洞顶乌龙的品牌出售。这些行为严重侵害了台湾农民的利益，挫伤了台湾研究人员的积极性，大陆政府已经注意到这种情况并在加强相关的工作。2006 年，国家工商行政管理总局颁布的工商公字【2006】172 号《关于制止和查处假冒台湾水果行为的通知》和工商标字【2006】202 号《关于加大台湾农产品商标权保护力度，促进两岸农业合作的实施意见》两个相关文件的颁布就是一个明证，今后应该进一步在实际工作中加大执法力度，完善相关法律，为两岸的农业技术交流创造一个良好的法律环境。

① 曾玉荣、姜梅林、郑百龙、周琼、翁伯琦：《台湾农业发展成效与闽台农业合作再思考》，《台湾农业探索》，2008 年第 4 期，第 10－12 页。

（五）改变单打独斗的局面，整合资源，共同研究合作发展的愿景

目前，两岸的农业合作还基本处于台商、台农单打独斗的局面。一方面，台湾在大陆的农业投资大多是独资的法人形态；另一方面，由于两岸农产品品种相同、贸易结构相似而在农产品市场上竞争激烈，甚至相互杀价。面对这一问题，两岸应该坐下来理性地交流，实现两岸农业交流和合作正常化，在此基础上逐步整合资源，共同研究合作发展的愿景，将大陆的农业资源、劳动力、科研成果、广阔的市场与台湾的资金、技术、管理、农产品运销经验等优势有机结合起来，携手走向国际市场，以实现真正的合作，并最终实现双方共同利益。

两岸农业合作涉及两岸农民的切身利益，特别在台湾，由于岛内特殊政治环境的影响，两岸农业合作的宗旨和原则已经被扭曲。因此，原本属于经济问题的农业反倒成了最为敏感的政治议题。虽然两岸深入、全面的农业合作不是短时间内可以实现的，但随着两岸经济关系的逐步正常化，两岸特色经济合作机制正在加速进行。ECFA 的签订，使两岸农业合作的进一步发展迎来了新的契机。

（六）完善制度创新，积极探索合作新模式

如何不断深化两岸的农业交流与合作，提高合作的水平？首先是要在现有一系列制度创新的基础上，经过两岸相互协商不断实现和完善制度创新，包括：（1）政策制度的创新，坚持互利开

放的原则，保护知识产权和投资者利益，放宽限制，建立两岸农业交流的正常秩序，为双向农业投资创造良好的环境，充分发挥“试验区”“创业园”等现有平台的作用，分清不同功能，完善相关制度，并使其产生保障、鼓励、支持的积极作用。（2）组织机制的创新。建立两岸农业不同部门之间的合作渠道，形成不同区域的专业化合作生产，产、学、研共同开发，建立集产品展示、技术推广为一体的农业合作基地。同时，应建立“两岸推进农业合作协调委员会”，共同谋划合作大计。（3）运作机制的创新。建立两岸农产品标准和检疫制度、农产品贸易市场准入制度与两岸农产品市场调节机制，实现两岸农产品贸易的正常化。①（4）经营模式的创新。共同建立物流体系，开拓多种形式的经营模式，如大卖场、超市、便利店等。同时，适应两岸观光旅游市场的需要，建立具有地方特色的农产品及产品加工的展销店。

其次，不断探索合作新模式。“新”要体现在使两岸农业真正“合”在一起，表现在农业种养生产及相应的服务体系，包括研发、加工、销售、教育培训、金融保险以及相关的观光旅游、休闲养生等农业产业链各个环节的合作。大陆可以利用台湾农业在农产品加工、通路、经营模式、技术、教育培训等环节的优势，采用以下的合作模式：（1）订单农业（台湾农产品加工企业＋大陆农民）；（2）通路农业（台湾掌握通路的经营者＋大陆农民）；（3）大规模农场式经济（由台湾农民经营某品种农产品，如花卉、茶叶、甜柿等，自营自销，大陆农民提供土地、劳动力等资

① 李立：《两岸农业交流与合作大有可为》，《台声》，2007年第10期，第35页。

源）；（4）农产品合作社农业（类似于台湾的“青果运销合作社”、“鸡蛋运销合作社”，任用具有在台湾农会工作经验的人进行指导）；（5）农业推广委员会（由台湾具有专业技能和经验的人员组成，对大陆县、乡的农业技术合作研发、农业技术培训和推广等工作进行指导）。另外，在农村金融和农业保险的运作制度上，大陆也可以借鉴台湾的经验，保障农民的利益，促进农业的发展。如果台湾开放大陆投资台湾农业，则双方合作的渠道、内容肯定会更加丰富。可以设想，两岸在现有的基础上加强分工，台湾以技术研发和完善的服务体系优势成为两岸共同的“试验农业”，而大陆成为两岸共同化市场，并在共同规划的基础上打造成一个具有国际竞争力的农业经济区。

第九章　制度创新是台资企业生存和发展的关键因素

——昆山调查

以台商投资为主要动力来推动经济发展的昆山，紧紧抓住并处理好与台资企业发展相关的各种关系，以极大的勇气和热情进行探索，解放思想的同时以认真务实的态度进行制度性变革，营造出适合于两岸经济合作和台资企业生存发展的制度环境，使之成为实现昆山跨越式发展的关键。昆台两地经济的高度关联性可以用一组数字来概括——“五六七八九”，即昆山50%以上的财政收入、60%以上的税收、70%以上的营销、80%以上的投资、90%以上的进出口都源于台资。①

昆山历任主要领导人的作为表明，当地政府在发展开放型经济的过程中，决定把引进外资的重点选择在极其复杂又充满竞争的台湾，确系眼光独到。事实证明，在昆台经济关系的发展过程中，当地政府官员所担当的是政治和经济方面的双重角色，即他们既要有政治家的头脑和胸怀，又要有经济学家的思维和眼光；

---

① 参考资料：《昆山经济开发区简报》，2008年第9期。

既要有企业家的精明和果干，还要有学者般深入调研和认真探索的精神，并善于利用正当的政府行为实现其经济发展目标。

从2005年开始，台湾“电机电子工业同业公会”通过对大陆各地台商问卷调查所作出的分析，公开出版了“中国大陆地区投资环境与风险调查”的报告。该报告以“市场竞争力”“投资环境力”“投资风险度”“台商推荐度”作为综合指标的“核心”，对大陆城市进行评估和排名，列出大陆台商密集投资城市及五大经济区域的投资环境与投资风险，以供台商在大陆投资布局时参考。2009年，报告按例对大陆“城市综合竞争力”进行了排名，位列前十位的分别是苏州昆山、南京江宁、苏州工业区、天津滨海、宁波北仑、上海闵行、杭州萧山、江西南昌、北京亦庄、无锡江阴。报告对排名榜首的昆山还着重进行了分析，认为昆山最为突出的是：重视台商的转型升级，给予台商较多的融资机会，政府辅导政策的有效性和支持力度较强，服务于上海的战略思想十分明显等。这些均是昆山多年来备受台商青睐的重要因素。自2009年起直到2010年、2011年，昆山连续三年均被评为第一名，这是自2008年美国次贷危机所引发的全球性经济危机之后，台商对大陆各地投资环境的评价，它既是广大台商对昆山应对金融危机各项有效措施的高度肯定，同时也值得大陆其他城市和开发区深思。

一、昆山创新之动力——产业的不断调整和发展

1992年8月22日，大陆第一个在县级市成立的国家级经济技

术开发区在昆山市诞生。当时，昆山只是一个在苏州市管辖下的农业县，但昆山人却果断作出了自费建设开发区的创举，走上了自我创新并在创新中发展的道路。

很多来访者都有这样感觉：昆山很小，仅有 927 平方公里，不到国土面积的万分之一；昆山又很“大”，全球 14% 的数码相机、40% 的笔记本电脑都在此生产。2008 年以来，该市还聚集了大陆千分之十七的到账外资，实现了全国千分之二十四的进出口总额。

昆山的发展离不开国家经济转型的制度背景。这个制度框架推动了机制创新和环境创新，为昆山的发展不断注入新的活力。昆山台资企业大量集聚的过程向我们展现了制度变革的思想脉络，帮助我们从一个侧面得到昆山成为台商在大陆最满意的地区之一的原因，也让我们重新认识到，政府不断创新和优化投资环境对推动两岸经济关系逐步深入发展所起到的积极且重大的作用。

（一）从产业转型到产业升级

从 20 世纪 80 年代至今，昆山产业经历了“农转工”“内转外”“散转聚”“低转高”的创新演变历程。这是一段从产业转型开始，走向产业升级的艰难历程。

“农转工”是昆山经济发展的奠基石。昆山在历史上从来就是一个农业经济县，直到 20 世纪 80 年代，昆山大力发展二、三产业，比重分别在 1983 年和 1991 年超过农业，从而实现了“农转工”的历史性跨越，并为促进昆山下一步发展开放型经济奠定了基础。

“内转外”是昆山创新阶段的重要方针。昆山与当时苏南地区众多乡镇工业发达的县市相比算不上先进，但是昆山率先实施外向带动战略，广泛动员群众积极参与对外招商引资活动，取得了意外的效果。1995 年，昆山当年外资及台、港、澳资企业完成工业产值占全市工业产值的比重达到了 41.6%。显然，外资开始成为昆山经济增长的主要动力，从而实现了“内转外”格局的关键性转变。

“散转聚”是昆山产业的重要拓展阶段。这一时期，昆山不失时机地在扩大利用外资领域的过程中，加大对台招商力度，并在发展中引导和提高台资产业的集聚度。新世纪以来，前来昆山投资的台资企业涵盖了多个产业领域，比较分散，如 IT 硬件的零配件有富士康，电路板生产有南亚电子，电脑主机板生产有沪士电子、微盟电子，笔记本电脑生产有仁宝、纬创、神达、伦飞等，光电产业有龙腾电子，数码相机有彩晶科技，光盘制造有沪铼光电，医药方面有永信制药，办公家具有优美集团，汽车零部件有正新橡胶、建大轮胎、六和机械，自行车有捷安特，食品行业有统一企业等。但几年下来，在昆山市的用心引导下，逐步归拢到以电子信息、精密机械制造等为主导产业的发展新阶段，实现了“散转聚”的阶段性变化。

当今国际产业化发展的三大趋势之一是集群化，而现今昆山工业园区内，产业特色鲜明，专业化分工明确，企业间有明显的关联性，他们能够充分享用公共产品，获取有价值的技术和市场信息。昆山实际上已经基本形成了国际产业化发展的“集群化”格局。

“低转高”是昆山实现自主创新重要战略的关键时期。早期进入昆山的产业虽然相对来说在技术层次上比珠三角地区要略高一筹，但总体水平仍处于“代工”为主的阶段。因此，产业的转型升级始终是昆山领导高度重视的问题，他们不满足于现状，及时提出了“主导产业高端化、新兴产业基地化、优势产业品牌化”的目标，着力实现昆山经济由“先进制造”向“研发创造”的发展方式的转化。

2005年以来，昆山产业领域和园区环境发生了重大变化，形成了“三大开发区、十二个特色产业基地”的产业格局，为昆山经济“低转高”提供了良好的基础条件。其中，昆山经济技术开发区以创新型、龙头型项目为主，昆山高新技术开发区则以发展新技术、新能源、新模具等为特色，而花桥开发区则以发展现代服务业为先。在此基础上，昆山又形成了12个特色产业基地，如光电产业园、小核酸、机器人、装备制造产业基地等。特色产业基地里面包括几个非工业园区，如海峡两岸农业合作示范区、科技教育园区等。目前全市工业产值大约有99.9%以上都来自各类工业园区。

从2005年开始，昆山开发区有计划地在大约1500亩的土地上实施“腾笼换鸟”的策略，将“低转高”纳入到与时俱进的规划之中，这在当时是具有长远战略眼光的一大举措。目前，在昆山开发区6.18平方公里的核心区域中，已搬迁转移附加价值较低的劳动密集型企业40多家，转移各类劳动力两万人左右。然而，这并非是权宜之计，而是从有关企业长久发展考虑，帮助他们建立合理的退出机制，寻找新的发展空间，使事业得到延续。对于区内符合新的产业升级发展方向的企业，又促使他们增资扩股，并推行契约式服务，以达到追求实效、节约资源的目标。目前，与昆山开发区签订契约式服务的企业有30余家。这是一种可持续发展的创新模式，使昆山开发区在增量土地指标逐年减少50%的情况下，仍保持了每年新增注册资本10亿美元、到账外资8亿美元、注册民资12亿元的业绩。其中，企业增资部分占新批外资项目的45%左右。

（二）从产业集聚到产业链形成

台资产业集群的存在，为昆山进一步形成产业链夯实了基础。昆山开发区凸显了以台资为主的经济与产业的高度集聚，并逐渐形成了以电子信息、精密机械、新型材料、精细化工和高档轻纺为重点的五大支柱产业，这五大产业终于成就了今后实现“昆山制造”的产业链。其中，电子信息产业最为集中，这类产业多达800余家，占台资企业总数的26%，投资总额高达142亿美元，占台资企业投资总额的40%以上。从电子基础材料、覆铜基板、印刷电路板、电子元器件、面板到整机生产，构成了一条较为完整的IT产业链。每一环节都有一家甚至多家核心企业。在核心企业的吸引下，围绕TI产业各个环节，一大批配套企业集聚起来，形成了以核心企业为主导的完善的产业链。据初步测算，笔记本电脑共有800多个零部件，其中98%的零部件都由昆山本地供应。客观地说，昆山已成为全球重要的IT产业重镇，目前台资企业在昆山生产的笔记本电脑年产量占世界总量的40%，数码相机占到14%以上，GPS、光盘、手机的份额也在日益增加。

产业的集聚效应和产业链的形成，可以使配套厂商近距离合作，这不仅仅可以节约运输成本和交易成本，同时也便于建立和协调技术创新中的分工合作关系，加快自主创新成果由研发向产业化转变的速度。昆山市突破了过去在招商引资中简单地搬来一座工厂的老模式，努力营造一个从研发到销售的“端到端”的产业链，与有关企业客户构建了密切的战略伙伴关系。同时着力建设好产业配套环境，逐步将原有以“化工”为主的产业链，改换提升为高层次的新的产业链。落户在开发区内“光电产业园”的台资企业——龙腾光电，通过并购建立了自己的软件研发机构，成立了江苏省新型平板显示技术研究院，从而在江苏形成了一条完整的 LCD 产业链。另外，为进一步完善“销售链”的架构，昆山开发区设法邀请国内外上游的供应企业、下游的电视机制造、品牌电脑等生产企业来昆山，与龙腾电子企业相互参股合作经营，逐步把龙腾的上下客户和购销市场连成了一线。不断追求产业链的完整，提升产业竞争力是昆山创新的核心方式。

（三）从“昆山制造”到“昆山创造”

昆山于 2005 年就提出了从“昆山制造”向“昆山创造”转型的昆山发展战略，这是维持昆山经济增长的可持续性及昆山主要产业的科技领先性的重要举措，其核心，便是转变经济发展模式和产业转型升级。就转变经济发展模式而言，昆山要使有限的土地资源承载更大规模、更大效益的经济活动。一方面，政府建立补偿机制，对主要“载体”内的工业项目进行合理更换（如陆家镇曾完成了用 3500 万元转移 12 家传统企业，腾出 100 亩土地，引来两个总投资达 3 亿元人民币的项目）；另一方面则提高资本进入门槛，规定了每平方米土地的最低投资限额，全面实行对外“招商选资”的策略，从招商源头开始，推进产业结构的新调整。在此基础上，确定了这一时期以发展光电产业和生产性服务业（如发展跨国公司、集团总部、区域总部经济和国际商务服务业等）为目标，大力提倡台资企业对研发的投入和提升研发层级，努力把昆山打造成为两岸相关产业合作研发、共创品牌的基地和平台，以此作为昆山产业升级的标尺。

产官学研联合推进创新开发，是昆山实现“昆山创造”目标的有力支撑。目前，昆山许多企业已经与 100 多家高校科研院所，建立了有产学研共同参与的 230 多个联合体，实施诸如人才培养、技术转化、成果推广、产品研发、产业基地建设等方面的合作项目，作为对实现“昆山创造”目标的推进。为广泛吸引与培养人才，昆山采取了许多倾斜政策，积极改善城市公共设施，极力为研发机构的人员创造良好的安居、工作环境。通过几年努力，昆山台资企业在这一方面取得了明显成效。据了解，在整个大陆，台商投资企业的生产技术 90% 以上来自于台湾母公司或外国研发机构，而来自两岸相关机构合作研发的仅占 7.82%。但是昆山却走在了大陆前列，昆山台资企业设有研发机构的比重高达 57.4%，远高于整个大陆台资企业的这一比重，同时还形成了一批拥有自主知识产权和大陆或省市知名品牌的企业。虽然台资企业现有的研发机构多以改进产品工艺为主，尚缺乏全球性产品和通用技术的研发，但应该说昆山已经从“昆山制造”向“昆山创造”迈出了坚实的一步①。

在众多产官学研联合体中，最突出的是昆山与清华大学的合作。一是与清华大学台研所合作，自2001年起举办一年一届的“昆山海峡两岸产业合作和发展论坛（昆山）”，为推进两岸及昆台产业合作献计献策。从2005年开始举办一年一届“昆山投资环境创新研讨会”，为昆山改善投资环境建言，这些都为开阔昆山干部、群众的视野，引进和借鉴外部新的理念，确立新的发展方向，为增强昆山城市的“软实力”等产生了积极影响。二是与清华大学联合设立“昆山清华科技园”。据悉，清华大学已正式将清华科技园（昆山）列为承担国家大学科技园“十一五”规划中的现代制造创新平台建设单位。它与昆山其他十大创新载体，正逐步被打造成推动昆山区域经济从“制造”提升为“创造”的拉动力。

到2008年底，昆山已诞生了9家国家级火炬计划重点高新技术企业、87家省级高新技术企业、12家知识密集技术密集型企业、19项国家火炬计划重点新产品计划项目和220个省级以上高新技术产品，创新技术产业实现产值906亿。2009年止，昆山市已有63家企业进入国家级高新技术企业行列。为了打造更加优良的创新环境，更好地保护自主知识产权，维护企业合法权益，昆山还申请成立了独立的“知识产权审判庭”，为企业和个人创新创业保驾护航。

（四）先进制造业和现代服务业协调叠加发展

企业转型升级绝对不是简单的房屋重建，昆山着力推进现有

---

① 数据比例参照《昆山经济信息专刊》，2009年第5期。

制造业，使之成为先进制造业，在这一过程中，大量为制造业服务的现代服务业应运而生，如电子商务、技术服务、现代物流、技术教育和培训等。这样一来，传统服务产业一枝独秀的局面开始被打破，先进制造业和现代服务业得到了协调发展。特别是2008年以来，台资企业进军服务业领域的成果更加显著。

随着企业转型升级的要求越来越迫切，直接为企业和客户提供各种服务的需求也越来越大，一批制造业企业直接转型从事了服务业，如从事电子业的神达集团成立了丰达物流、丰扬物流，专门从事货运代理、转口贸易、仓储运输等业务。弘辉建设开发公司在昆山建设一座台湾工业展览会馆，其目的是为台湾制造企业的产品提供一个展示平台。台湾彰化银行、大华人力资源公司、宗仁卿纪念医院等纷纷涉足会展、金融、医疗、咨询、人力等现代服务业。随着昆山花桥“海峡两岸商贸合作区”的正式揭牌，一个以台资企业现代服务业为引领的昆山现代服务业正加大马力开创新局。以台资企业为基点，以局部地区为示范，昆山政府在先进制造业和现代服务业协调叠加发展理念的支持下，勇于实践，开创新的营运模式，并因势利导给予了实际的支持，使其得到了进一步发展。

为积极辅助台资企业的转型升级，昆山市对此实施了重点扶持。2008年，昆山市出台了《关于推进台资企业转型升级的若干政策》，共28条，涉及解决台资企业融资难、奖励企业科技创新、建立辅导平台、加快人才引进等一揽子措施。同时，还设立了“昆山市台资企业转型升级引导资金”，为台资企业在科技创新、技术改造、发展服务贸易等转型升级方面提供专项资金扶持，鼓励企业提升创新能力。台企设立的研发机构，只要被评定为省、市级研发中心或实验室等，就可得到市政府财政奖励。在战胜全球金融危机的关键时期，昆山市政府真诚地与台资企业共度时艰，以继续保持台资企业的优势和竞争力，对其成功转型升级给予了极大帮助。

昆山市领导说，“政府要对厂门内的事少管，厂门外的事多管”。① 这是他们将政府职能由“领导”转变为“服务”的基调，他们据此要求政府各部门更加密切关注企业的变化，要比企业想得更多。为此，昆山还建立了领导班子与台资企业联系制度，以便及时了解台资企业生产经营情况，未雨绸缪，共同应对各种挑战。为了再一次给企业“减负”，昆山从 2008 年 9 月 1 日起，对企业取消和停止征收了 27 个收费项目，建立了行政收费零增长的激励约束机制，实现了全市收费总额的负增长。2009 年执行中央关于增值税转型、出口退税和行政事业性收费政策的调整，当时预计可为企业减轻十亿元左右负担。另一方面昆山又为企业“输血”，昆山市财政注资两亿元成立非营利性担保机构，为成长型企业提供贷款担保服务，特别是针对产业链中处于弱势地位的中小型企业加以扶持。昆山还专门组织两次台资企业融资沟通会，沟通会中授信金额达 24 亿元。②

昆山市在引导台资企业应对国际金融危机时的一大策略就是“外转内”。2008 年，在昆山出口加工区内的台资企业一举成立了三家内销总部公司，三家公司内销货值金额达 72 亿元，昆山出口

① 2008 年 9 月 7 日对昆山经济开发区负责人的访谈记录。

② 《昆山经济信息专刊》，2009 年第 7 期。

加工区率先迈出的这一步，可以说，这是大陆出口加工区对外贸易政策的一次突破。面对近百亿元的内销市场，这些台资出口代工企业做了一个“外转内”的迅速转身。对于一大批出口代工企业来说，内销市场的开拓如同是雪中送炭，为企业开拓了一条新的出路。

昆山出口加工区内的彩晶光电（昆山）有限公司是受惠企业之一。2001 年建厂投产的彩晶光电，一度是全球品牌数码相机 ODM 的合作伙伴，拥有原始设计和制造能力，高峰生产年代代工出口产量超过八百万台。2008 年初，在创新理念的促使下，该企业组建研发团队，掌控芯片核心技术，再向上下游技术延伸。不久，彩晶光电便开发出了具有自主知识产权的数码相机，创立了拥有自我品牌的相机达七款。这一艰难的转轨，体现了从单一的出口代工到自创品牌，从代工出口到在出口加工区直销大陆市场，从“昆山制造”到“昆山创造”的转型升级过程，也是昆山实行“外转内”的一件成功案例。

在昆山“外转内”代工企业转型氛围中，台湾宝成集团的昆山裕程鞋业，成立了销售公司，积极构筑属于自己的销售网络。仅一年时间，他们在大陆即布下了 3000 余家网点，总共收获“贴牌销售”的业务金额达七亿元。这样做，既替世界品牌运动鞋做研发、设计和生产，又成为这些品牌运动鞋在大中华区的全权销售代理商，一举两得。“2008 年，裕程鞋业销售公司已实现在大陆建立一万个销售点的目标，也已在各中等城市逐步建立专营世界品牌运动商品的网络。裕程鞋业完成了从‘贴牌代工’向‘贴牌销售’的成功转型。”①

目前，昆山台资企业的转型步伐正在加快。在昆山31个省级外资研发机构中，台企研发机构占51.6%；11个中国名牌中，台企占6个；10个中国驰名商标中，台资企业占4个。②

随着改革开放走过30年，昆山市委十届二次全委扩大会议关于“昆山就是开发区，开发区就是昆山”的理念，其意义和内涵已经发生了深刻的变化。现在，突出这一理念的根本目的，是为了适应新一轮产业转移和区域布局调整，大力推进昆山各重点园区的功能叠加、资源整合和政策共享，增创开放发展的竞争新优势，在昆山新一轮科学发展、和谐发展中，进一步发挥开发区的龙头带动作用。③

依靠连贯的政策、周密的工作部署和有力的保障措施，昆山率先推进经济增长方式的转变，有力地促进了昆山高新技术产业的发展，促进了“昆山加工”向“昆山制造”、再向“昆山创造”的转变。2009年，昆山创造了1750亿元的地区生产总值，320亿元的财政收入，生产了占全球产量42.5%的笔记本电脑，名列全国“百强县”之首。昆山经济发展的再次转型取得了令人欣慰的成就。

（五）从产业配套到合作创新

“台资带民资、民资促台资”是昆山众多创新理念的又一新特

---

① 《新闻纵深》网综合版，2009年2月。

② 昆山市科技局2009年12月简报。

③ 2007年4月对昆山市领导的访谈记录。

色。大量台资企业进入昆山，给当地民营经济的发展壮大带来了难得的机遇。昆山市利用当地产业与台商投资产业相近、两岸语言相通、文化相同等比外资更为有利的基本条件，及时提出了“外向配套”和“民营赶超”的发展战略。实行“项目引进来，配套跟上去”策略，积极倡导和鼓励台资企业帮带民营企业，民营企业积极为台资企业配套，两者相互合作，共同发展，并为此设立了专门机构，配备专职人员，不失时机地开展促进配套活动，从而取得了显著成效。

首先是促进了当地产品供应链的合理调整，使之成为当地台资企业供应体系中的组成部分，有力拉动了地区经济的强劲增长。由于当地民营企业所需配套的大都是一些投资规模大、产品档次高、具有国际市场背景的大型台资企业。为了最大程度地满足和适应配套需求，促使民营企业不得不对原产品快速进行调整和优化，2000 年以来，昆山市实施的近 100 个技改项目中，约有 90% 以上属于为台资配套的民营项目，技改项目总投资高达十几亿元人民币。

昆山市民营企业积极为当地台资企业配套，形成了内外资竞相发展、互助双赢的局面，而且这些配套型民营企业已经发展成为该市实施“民营赶超”战略的生力军，客观上成为从“昆山制造”到“昆山创造”的重要“抓手”。许多民营企业在产业升级的同时，一举走出了从外向配套转向自主创新的发展之路。在自主创新的催生下，民营企业产品的技术含量也越来越高。

民营企业昆山“创新五金”在为台资企业“禧马诺”车辆公司配套以后改名为“昆山施耐特机械有限公司”，从最初只能做单一品种的粗加工到现在的多品种深加工，已能为台资企业加工200多种零配件，当年的小作坊如今变成了一个配套齐全的大型加工企业。而震雄电线电缆公司这个昔日规模极小的乡镇企业，目前却是昆山最大的专事台资企业产品配套的民营企业。台资企业富士康公司的铜导体80%来自于震雄，年销售额达到10多亿元，已发展成为全球最大的IT产业铜导体配套厂。诸如此类的例子举不胜举。①

在与台资企业配套和与台商交往中，昆山民营企业逐渐树立起诚信第一、质量第一、服务第一、效率第一的“经营之道”，以最大限度满足客户需求的理念来经营管理企业，使企业在管理、技术和产品质量上快速达到了国内、国际市场水准。为台资企业樱花卫橱公司配套的金鹿电机公司，1999年只能做小电机上的一部分零配件，订单不多。但经过不断学习和改进，技术水平大幅提高，现在不仅成为樱花卫橱公司的稳定客户，而且又发展成为斯大康、阿里斯顿等其他著名企业小电机的供应商。金鹿公司发明的排油烟机、热水器中核心部件的微电机一举获得国家长城（3C）安全认证。锦溪塑料厂为台资企业捷安特自行车配套，依靠技术进步，科学管理，生产出了成套逆反射器“夜明珠”产品。该产品先后通过了美国、日本和英国三大市场质量与安全的标准认证，取得了三大国际市场的“准入证”。② 位于张浦镇的彩华集

---

① 刘震涛、江成岩、桑登平、王建芬、胡明：《昆台资本相融生辉》，论文，2003年。

② 刘震涛、江成岩、桑登平、王建芬、胡明：《昆台资本相融生辉》论文，2003年。

团，原先是一家只能生产简易包装材料的小厂，自1995年为台资企业统一集团配套以后，连续投资两亿元，多次引进先进设备和技术，大面积进行调整、转换，配套能力大大增强。目前该集团可为近40家台（外）资企业提供软塑包装、电脑雕刻等几十种高档产品。

在台资核心企业的带动下，一些民营企业也陆续走上了研发创新之路。位于千灯镇的华新电路板集团公司先后建立了昆山市级、苏州市级技术中心，为企业技术改造、产品研发做了大量工作。2005年12月，华新多层电路板被评为省名牌产品，“高密度多层印刷电路板”产品曾六上“神州号”飞船。亦有一些非配套民营企业，在整个创新氛围中也纷纷成立研发机构，如“好孩子”童车公司建立研发机构以来，研发人员平均每半天拿出两项设计，平均每天有两项新品制作成功。目前“好孩子”拥有近1700项专利。① 昆山民营企业华恒焊接设备技术有限公司不仅请来业界著名的高级技师，还先后出资，与清华大学等高校合作成立集产学研于一体的联合机构。凯宫机械2007年把原有技术研究中心升级为技术开发中心。公司每年用于技术研究和开发新品的费用平均占销售收入的5.3%。通过研发，凯宫机械先后自主开发研制出具有国内领先水平的并卷联合机和精梳机。这些企业以市场为导向，以高校科技人员研发为依托，走出了一条自主创新之路。

昆山民营的配套领域从零部件生产逐步向仓储、运输、信息等现代服务业开拓，从产品配套向资本技术合作方向发展。目前

① 江成岩、王建芬：《台资对昆山经济社会的影响和作用》，《海峡科技与产业》，2007年第11期。

该市已涌现出一批专门为昆山的台企、外企提供在线检测、软件设计和维护、员工培训等外包服务的科技型民营企业。民资、台资呈现出紧密融合、互补互利的良好发展势态。外向配套协作是广大中小企业生存、发展、壮大的重要出路与途径，这是已被实践证明了的一条重要经验，也是昆山发展开放型经济的一大创新。①

随着台企、民企产业合作集群逐步发展壮大、产业链的延伸和完善，产业配套环境成为昆山受人青睐的又一大优势。民营企业采取引进—消化—吸收—创新的方法，实现了跟进配套，各展其长，为我所用，共同进步。昆山市以民营企业为主要载体的外向配套产业发展迅速，这些民营企业在配套中生存、成长，成为带动昆山开放型经济发展的重要动力，获得了既能促使台资企业落地生根，又能借助其力量使自身发展的双重效应。

二、昆山创新之灵魂——服务理念的不断提升和勇于实践

政府的创新，首先体现在服务理念的创新上。昆山在服务理念的创新方面结出了丰硕的成果，当地台资企业大大受益。上世纪 90 年代初期，昆山市政府对台招商引资的举措主要体现在两个方面：基础设施建设和实施优惠政策。但随着全方位开放格局的形成，各地在基础设施大幅度改善的同时，政策趋同化，优惠政

① 江成岩、王建芬：《台资对昆山经济社会的影响和作用》，《海峡科技与产业》，2007 年第 11 期。

策效应也相对弱化。要在改善投资软环境方面闯出一条新路，就要彻底转变政府职能，大力提高政府服务水平，重点管好“工厂以外的事”，逐渐将建设服务型政府与交易成本低的城市，作为昆山改革与创新目标之一，这也是昆山大力推行制度创新的基础。此举，也成为昆山在以后对外招商中显示昆山“魅力”的最重要因素。

昆山大力宣扬“知商、亲商、安商、富商”等创新服务理念，营造适宜于台商、台资企业的发展环境，这构成了服务创新的核心内容。知商，就是了解、熟悉台湾、台商，知道台商要什么、想什么和政府应该做什么；亲商，就是以情招商，以诚待商，尊重财富、尊重商人；安商就是不但要让台商安心投资经营，还要使投资者在昆山安居乐业；富商，就是要让台商合法经营，多产，多销，多得利润。更可贵的是，昆山领导不仅有服务理念，还时刻关心着台商。凡来昆山投资的台商都认为，昆山市的领导可能是大陆“最易见面和沟通”的官员，因为台商都有他们的手机号码，有事可以直接呼唤。台商有什么困难，大到项目审批，小到生活服务，包括就医、孩子上学等，都可以用手机与市领导沟通或请教，一般情况下也都可以得到满意的答复或回应。昆山台商与政府的密切互动已成为当地经济发展的重要因素，事实上这本身就是一种制度和机制创新。机制是制度运行的组织形态和关系形态的总和。机制创新不仅能提高政府内部关系的协调性、通畅度和效率，保证政府能对社会经济的新变化作出及时而准确的反应，还能提高政府行政的透明度，鼓励社会公众关心、监督、参与、建议等。以下一系列措施体现了昆山独特的服务创新：

（一）专门建立对台资企业服务机构

随着台资企业的不断增多，涉台经济事务（包括各类矛盾纠纷）也愈加繁多。为了实实在在地为台资企业服务，昆山市先后建立了“三个中心”（外商投资服务中心、外商投诉受理中心、外商配套协作中心）和台资企业投诉“马上办办公室”，另外还保持了“两个渠道”（台资企业协会和定期举行的台商沙龙活动）的畅通，从而确保了政府和台资企业的经常性沟通。这些机构为台资企业尽心服务，一方面降低了政府与台商沟通的信息成本，降低了台商的交易成本，另一方面也提高了政府行政效率，切实维护了台湾投资者的合法权益。

（二）积极推行个性化服务

昆山个性化服务是近两年的创新特色。昆山市委、市政府针对各个企业的特点，不断创新服务方式，在给予平等服务的基础上，提出了根据企业不同需要，实行“一业一策、一行一策、一企一策”个性化服务的新型服务理念。其中，有契约式服务、宾馆式服务和“一站式”服务，有产前、产中、产后的一条龙服务等，但不管是哪种服务，都要做到“全过程服务、全领域服务、全天候服务”。目前，这种新型服务理念都已深深刻在昆山市公务员的脑海中。从商检、海关、工商、税务到医疗、教育、居住等各个领域和层面，投资者都能体会到昆山市人性化服务所带来的诚信和亲和力。昆山的行政服务由原先的“代跑批文”转换到“降本增效”，据估计，平均为企业节省的交易成本约占企业总成本的5%。政府立足于服务，努力营造交易成本最小的投资环境，进一步密切了政企关系。

为了实现“诚信服务、规范行政、降本增效”的目标，为了保持和不断提升服务水平，昆山市每年还开展由台、外商投票推选全市“十佳诚信服务单位”的活动，让台、外商参与监督各部门、各单位的规范运作情况。这些措施在一定程度上提高了政府行政的透明度。

（三）创新服务机制，提高办事效率

从2007年设立了行政审批服务中心（以下简称“中心”）起，昆山市涉及企业的400多项审批事项都集中到“中心”办理，政府30多个部门在“中心”设立了服务窗口，开展了面对面服务。通过一段时间的实践后，许多台资企业反映：“中心”的一切都是透明的，办什么事该到哪个窗口，收什么费，收多少，多长时间可以办完，企业办事人员和当事人都清清楚楚。

效率和服务是“中心”的主题。“中心”通过由一家审批部门牵头，抄告相关部门，几个相关部门同时受理，同步进行，实现从“串联审批”到“并联审批”的转变，企业只要用五个工作日就拿到了要办的证件。同时，“中心”还开辟了“绿色通道”和网上审批等办法，对审批过程前后实施了四次大的“提速”，办事效率大大提高。目前已经将税务登记这一项由“承诺件”改为“急办件”，半小时就可以办结。

在昆山行政审批中心的工商局服务窗口，有三张“提醒服务明白纸”。一张是提醒已经工商核准登记的企业尽快到有关部门办理刻章、基本账户、企业代码、税务登记、资质证书等事项，一张是提醒完成变更登记的企业办理各种相关手续，还有一张提醒申请注销企业应该履行什么样的手续等，明明白白。把这些提醒内容看完，按照要求提供材料，可以确保企业在承诺期内办完一切手续。

昆山市质量技术监督局创新工作方法，采取了“检查预报制”和“首查整改制”等新的工作机制，受到了台商的普遍欢迎，有关台商还特地来信向昆山市的领导表示感谢。

（四）服务至上，打造“效率、效益昆山”

“效能为先，服务至上”，是昆山市政府树立的基本理念。20多年来，昆山市一直致力于由管理型政府向服务型政府的转变，每年都推出新的服务改革措施。从1998年“对外商不说‘不’，不说不能做，只说怎么做”，树立亲商服务理念，树立为纳税人服务的意识，到2000年“亲商、安商、富商”及之后不久又增加的“知商”，到2003年“零障碍、低成本、高效率、诚信服务、规范行政”，再到2006年“敢于为创新担风险、勇于为发展尽责任、甘于为基层作奉献”，以及2009年“大力提速增效，实现行政收费零增长，增强主动服务意识，营造降本增效促发展环境，想方设法为企业排忧解难”。这一条条既是理念也是决心，更是昆山市牢固树立的诚信为本的服务宗旨。当下，在各地商务“硬成本”相差不大的情况下，昆山市努力降低行政、办事、服务等方面的“软成本”，一直把效率和服务作为改善投资“软环境”的精髓进行精心打造，从而使“效率昆山”独树一帜。

一个企业如果不能拥有丰富、强大的社会资本，那么它将会在以后一系列的交易过程中付出昂贵的代价（交易成本）。社会资本一个最重要的属性就是不可携带性和不可复制性。即使是一家著名的台湾大企业来到大陆，它可以将其品牌、技术、资金、甚至职员带过来，但它也不可能把社会资本一道带过来。而昆山地区却能让投资企业最大限度地降低交易成本，也许，这就是他们在对台招商引资中能与其他地区竞争的比较优势。

“知商、亲商、安商、富商”的社会氛围，使昆山的投资环境成为一张特色名片，利用这张名片，“以商招商”“以台引台”“以台引外”，已经成为昆山“低成本”招商引资的重要渠道。“便宜”的昆山降低了台资企业的各项交易成本，台资企业的兴旺发达又为昆山招商做出了示范。这就是昆山与台商在合作互动中的双赢。

三、昆山创新之基础——政府和台商的互动机制

昆山台商参与当地政府决策大多是以“建议”的方式进行，而这种方式却是创造“昆台”双方良好互动环境和沟通氛围的基本形式。成立昆山台湾同胞投资企业协会之后，昆山市政府和台商间的互动进一步得到了加强。自 1998 年开始，昆山“台协”便以社会组织的形式在改善投资环境中发挥着作用。市政府每年都要邀请“台协”全体理监事就如何进一步改善昆山投资环境的问题举行座谈。例如，2002 年昆山进行概念性规划，市长特地联系

“台协”，要求协会临时召开监理事会议，让市长报告该规划的重点。因而，昆山台商对于昆山城市发展和重大的市政建设都有所了解，台商对于某些区域的规划或设计的建议也能得到及时采纳。政府还会就政策法规、投资环境、城市管理、交通秩序、社会治安等各个方面与台商面对面进行沟通，至于有些涉及上级政府权限的问题，市领导会代为向上级反映，沟通并争取解决。台商有可能亲身参与昆山社会发展的实践，因此更有可能作出比较长期的投资规划和经营决策。日积月累，“台协”与政府的频繁互动，逐步构筑了公众参与制度创新的社会基础。

“硬件不足软件补，政策不够服务补”，这是昆山市政府在与昆山台商的紧密互动中得出的重要经验，这个经验构筑了昆山创新的基础。昆山把制度和机制创新列为政府工作的核心内容，一切机制都要围绕发展转，机制不适应的就要改，就要创新。在国家政策法规许可的范围内，创新机制引领着昆山一次一次实现了质的跨越。①

昆山的干部群众以脚踏实地、抬头望路的辛勤耕耘，向人们揭示了这一创新体系的丰富内涵。因此，昆台之间关系得到不断充实，台湾投资者对此充满希望和信心。

四、昆山创新之精神——多元文化的融合

对于一个城市来说，“文化是软环境，也是竞争力”。这是昆

① 宣炳龙：《探索·创新：昆山经济技术开发区的实践》，中国财政经济出版社2004年9月版。

山人对文化的认识。也正如昆山市领导所说，“经济是形，文化是神”，文化是经济社会发展中的持久推动力，是昆山精神的象征。显然，文化已经成为昆山这座城市的支撑，文化昆山已经对众多台商构成了强大吸引力。

（一）昆山的本土文化

昆山是一座有着悠久历史积淀和传承的文化城市。这里是“百戏之祖”昆曲的发源地，明末清初思想家顾炎武、归有光和朱柏庐等文化名人的诞生地。大思想家顾炎武的优秀思想传承，人类口头遗产和非物质遗产代表作——古老的昆曲，这“一刚一柔”构成了昆山文化和谐而又永恒的背景。此外，保存完好的良渚文化遗址，沧桑千年的周庄、锦溪、千灯等水乡古镇，以及由昆石、并蒂莲和琼花组合的独特园艺等都是昆山文化的组成部分。也正是这些健康、瑰丽的文化元素的融汇，天然造就了今天昆山良好的人文精神。

思想家顾炎武的“天下兴亡，匹夫有责”的思想激励着昆山人用自己的实际行动为祖国富强、为家乡繁荣努力奋斗。朱柏庐的《朱子家训》教给昆山人做人要诚实、处世要讲诚信的道理。现在来看，“责任”“奋斗”“诚信”铸成了昆山人在发展开放型经济中的“灵魂”。

（二）昆山的外来文化

海派文化。昆山是上海的近邻，海派文化对昆山人有着较强的吸引力，并对昆山产生了深刻的影响。所谓“海派文化”，其特质应该是一种视野广阔的、海纳百川式的文化，是一种最乐于接受、最易与外来文化融合的文化，是一种包含了“创新、敏锐、精致”的文化。其开放性、包容性都十分鲜明。许多台商都说，昆山人好就好在包容性强，而这与“海派文化”的影响应该是密切相关的。昆山人勇于创新、“敢为天下先”的精神也与之不无关系。

移民文化。经济的快速发展加快了城市化进程的步伐，昆山市人口以每年十万以上的速度增加。昆山已成为一个事实上的移民城市。昆山拥有“新昆山人”（由全国各地到昆山工作的常住人口）近70万，这些从四面八方涌入昆山的民众，其专业和文化背景各有不同，但有一个共同之处：他们都是来到昆山“创业”的。他们要在新的土地上生存并发展，就需要拼搏和进取。他们带来的移民文化中的主流即是创业精神，这种创业文化与昆山自身固有的创业元素互相呼应，所产生的动力是难以估计的。

海外文化。从上世纪八十年代末开始，昆山市开放型经济得到了飞速发展，海外文化紧随着国际资本大量涌进。外资企业既带来了先进的管理模式，也带来了先进的科技文化。这些文化，影响和带动了昆山在人才引进和任用上不拘一格，不断唤起昆山对人才的重视、尊重和培养，也促进了昆山对于人才竞争机制的建立等。

“台岛文化”。目前长期在昆山生活的台湾同胞有近十万人。许多工作、生活在昆山的台湾同胞都已成了名副其实的“昆山人”，他们早就把昆山当作了第二个家。在昆山，许多台湾人感觉仿佛来到了台北街头。黄河路上的台北小木屋、出外人的家、芳邻小馆、永和豆浆等台式小吃店一字排开，分布在这个城市各处的上岛咖啡、池上便当、上林烧腊等几十家台湾风味的咖啡屋、茶楼、酒吧、和餐饮店纷纷散发出宝岛的芳香。昆山的台湾生活氛围让当地台商及其眷属背井离乡的感觉大大减轻了，很多台湾同胞亲切地将昆山称为“小台北”。而“台岛文化”展现在人们面前的最主要的就是台商的创新、敬业、进取和积极经营。尤其是台湾人的“爱拼”精神，更给昆山人留下深刻印象并对昆山各项工作的“率先”开展产生了极大影响。

成立于2001年9月的华东台商子女学校，是继广东东莞台商子女学校之后，台商在大陆开办的第二所子女学校。2006年，经江苏省教育厅的批准，该校增设了高中部。自此，华东台商子女学校成为一个从幼稚园、小学到高中一贯教育的学校，学生接近500人。学生们的父母，都是台资企业中的台籍干部和员工。很多孩子过一段时间要回台湾，但学业不会中断。因为这里的教材是台湾编的，学制与台湾一样，39名主课老师包括校长全部从台湾请来。在校学生既能够回到台湾就读，也可以留在大陆升学。

非常注重中华民族传统文化教育是这所学校的特色。昆山台商子弟学校经常开展知恩、感恩、报恩“三恩”教育，要求学生回家帮助父母做家务，自制节日小礼品送给长辈，教育学生懂得“报恩”等。另外，相比较而言，台湾的基础教育更“生活化”，比如，孩子们衣、食、住、行、礼等细节都由老师一一教诲。考试题目知识面很广，都是选择题，这就要求学生读很多课外参考书。受此影响，昆山市教育局则把2005年12月定为“报恩月”，对全市中小学生进行感恩教育，并在教育系统提倡培养学生的生活自理能力、注重课外阅读等。

2006年，经国家主管部门批准，由台湾企业家合作出资的昆山登云科技大学顺利建成。学校分设服务学院、工学院、管理学院及医学院，共开设11个专业，教务由位于台湾新竹的明新技术学院负责。

有着强烈文化追求的昆山人，除已经拥有的图书馆、美术馆、体育馆（场）外，还在积极筹建集影视、剧场、娱乐等为一体的大型综合性的“文化艺术中心”，以及更大规模的包含游泳、网球等在内的体育场馆。由昆山台商集资兴建的“妈祖庙”，联结了两岸的妈祖文化，使在昆山的台湾同胞的信仰有了依托。昆山人均占有的文化设施达到0.1平方米，已经超过江苏省制订的2008年达到人均0.08平方米的目标。

（三）昆山多元文化的融合

从昆山可以看出，多种文化和谐相处、共生共荣是完全可能的。就像费孝通先生所说的“各美其美，美人之美，美美与共，天下大同”，不同文化从发展自身之美，到欣赏他人之美，再到相互欣赏，最后达到融合和一致。而“融合”对于昆山这个“新”“老”昆山人合居的新型城市来说，就是人与人之间的和谐，多元化文明的融合。①

① 任筠松：《文化访谈》，中国新闻网2007年5月综合栏。

五、跨界治理：昆山台协会参与政府制度创新实例

（一）现实意义——昆山台资企业对昆山经济发展的影响

昆山属于县级市[①]，其行政级别较低。昆山市政府在初始条件不利的情况下，逐渐摸索和发展出服务型的“小政府”。昆山市政府从市长到各个部门领导都没有官架子和官僚主义的负担，便于其亲商形象的树立和服务的落实。更为重要的是，由于昆山认识到自身资源匮乏，实力有限，政府本身并没有大举兴办产业，而是从20世纪90年代初就确立了引进外资、且朝向独资方向发展的思路，因为外资在独资的情况下才有可能把技术水平较高的项目放在昆山，也才能把昆山推往“高、新、大”的产业发展方向。这样一来，地方政府则可以全心投入对资本的服务，实现地方政府从“政企不分”到“政企分开”的转型。由此可见，在政府职能上，昆山很早就把自身定位为“为资本提供服务”的政府，而不是政府自己直接介入经济活动。

1980年，昆山开始以外向型产业主导地方经济的快速增长，其中台资企业的大量进入是其经济快速发展的主要推动力量。截止到2010年底，全市累计批准台资企业3830家，总投资额457.4

---

① 1989年9月28日，昆山撤县设市，是苏州市下辖的县级市。

亿美元，注册台资213.6亿美元。2010年，完成地区生产总值2100亿元，比上年增长20%；全口径财政收入460亿元，其中地方一般预算收入超160亿元，分别增长40%、20%；工业总产值7000亿元，增长20.6%；进出口总额820亿美元，其中出口530亿美元，分别增长32.6%、30%①。在这些耀眼的业绩中台资企业的贡献超过一半以上。昆山市政府对台资表现出特有的政策弹性与服务能力，愿意倾听台商意见，通过经常与台资企业协会的座谈与交流，持续推进产业升级，并且尊重台商的习惯，吸收台湾文化，为台商在昆山的发展提供了良好的投资环境和生活环境。这一切都是昆山市政府作出了连续不断的制度创新的结果。

北大中国经济研究中心教授柏兰芝曾从跨界治理的角度，分析了昆山“台协”参与昆山制度创新的作用②。柏兰芝认为，跨界治理是指政府通过和跨界的不同利益主体的行动者互动协商，形成一组制度规范，以利于跨界生产体系的运作。昆山市台资企业协会（包含台商）和市政府（包含政府部门）共同营造的跨界治理机制雏形已逐步显现。

昆山台资企业协会代表台商群体的利益，从最初的邀请参加座谈、交流意见，提升到作为政府治理主体之一参与政府治理层面的活动，而成为某种意义上的“第五套领导班子”③。下面将从

---

① 昆山市台办提供2010年相关数据。

② 柏兰芝：《跨界治理——台资参与昆山制度创新的个案研究（对昆山经济的过去、现在和未来的思考）》，清华大学台研所编印。

③ 指在昆山市委、市政府、市人大、市政协四套领导班子之外的另一套“领导班子”，是民间对“台协会”作用的一种戏称，表明人民群众对台协会所起作用的一种认可。

昆山台协会参与政府经济制度创新、行政管理制度创新和文化交流创新三个方面进行阐述。

（二）昆山台协会参与经济制度创新

发展经济是制度创新的第一推动力，因此昆山政府制度创新最先从经济制度创新开始。下面就以台商帮助昆山市政府在昆山经济技术开发区建立的昆山出口加工区为案例，分析台资企业协会如何参与经济制度创新。

1. 台商带来了“加工出口区”这一新概念

早期来昆山投资的台商对昆山的投资环境十分满意，但也感到不足，主要是进出海关耗时过长，他们说“如果昆山有一个像台湾新竹一样的‘境内关外’的工业园就更好了”。他们在与昆山市政府的频繁交流中，介绍了台湾的保税特区既可以降低海关监管的难度，又能提高企业通关效率，昆山市政府开始请台商帮忙搜集有关资料。台湾经济的发展有两大关键因素：一是工研院；二是创办工业园区。工研院的作用是将科技转化为生产力，工业园区的作用则是给企业发展提供良好的环境①。1965 年，台湾首先在高雄港浚港新生地上建立高雄加工出口区②，三年后相继成立台中加工出口区和楠梓加工出口区，这些加工出口区以一系列优惠政策和海关管理制度让台湾得以进入世界制造业分工，发展劳动密集的外销导向产业，进而完成了台湾的工业化进程。1970 年，加工出口区又促成了新竹科学园区的成立，带动了台湾高科

① 访谈资料。

② 台湾称之为“加工出口区”。

技工业的发展并推动了台湾整体经济转型。台商要想在昆山发展，必须为自己创造一个适合产业发展的大环境，他们在台湾是工业园区的跟随者，而到了昆山他们想做工业园区的开创者，因此台商很积极、热情地帮助政府寻找台湾出口加工区的相关资讯，协助政府尽快建立适合 IT 产业发展的环境。

2. 昆山台协会协助建立出口加工区

1995 年 9 月，昆山台资企业一位负责人邀请昆山开发区主要领导赴台参访加工出口区，这位领导参访后带回来几麻袋资料进行研究。为了学习和探索出口加工区的运作模式，昆山台协会主要负责人同开发区管委会主任六次访台，在台期间考察了台湾 7 市 9 县①，并先后多次拜访了台湾工业总会等工商团体，听取建立出口加工区的相关情况介绍②，考察了高雄楠梓加工出口区和新竹科学工业园，他们将在台湾拿到的资料不断地总结，并结合昆山特点反复向国务院有关部门汇报。而在此时，台湾在电脑终端、塑料化工、精密机械、电线电缆、新型建材等行业处于国际领先水平，其中以笔记本电脑为主体的电子产品生产量在世界排名第一。因此，当时到昆山投资的台资企业大多是以笔记本电脑为代表的 IT 产业。

昆山在行政级别上只是一个县级市，不具备体制上的优势，所以都是靠坚持不懈的努力才能实现目标。从 1998 年起，昆山开

---

① 当时台湾下辖 7 市 16 县，分别为：台北市、高雄市、基隆市、台中市、新竹市、台南市和嘉义市；台北县、台东县、澎湖县、花莲县、屏东县、高雄县、台南县、嘉义县、云林县、南投县、彰化县、台中县、苗栗县、桃园县、宜兰县和新竹县。

② 台湾工业总会是台湾三大工商团体的龙头。

始向国家有关部门送件申报。由于当时没有关于出口加工区的政策，“所谓的申报，其实是一个说服中央给政策的过程”①，昆山市领导要向国家的最高决策部门一一解释出口加工区的概念、运作模式等。在这个过程中昆山沿用了自费办开发区再申请“国批”的老路子，也就是“只做不说，做了再说”的策略，一边到中央跑政策，一边在昆山建出口加工区。2000 年 4 月 27 日，昆山成为国务院批准首批 15 个出口加工区之一，也是县级市中的唯一一个。同时，昆山在完成工业区的规划之后就开始基础设施建设和招商工作。2000 年 10 月 8 日，昆山建成了全国第一个封关运作的出口加工区，这一创举不仅大大节约了开发区企业的运营成本，而且为产业链和价值链引资在功能配套上做好了准备②。可见，昆山出口加工区对于昆山开发区的发展可谓是“如虎添翼”。

在昆山市政府申请筹建出口加工区的同时，昆山台协会应运而生。它的成立对于昆山经济的发展具有划时代的作用，此后昆山市政府不再与个别台商单枪匹马奋斗，而是和昆山台协会这个群体一起走上了一条建设出口加工区的新道路。昆山台协会成立后提出了很多进一步改善昆山投资环境的建议，其中最重要的一个建议便是提高笔记本电脑出货的通关效率。随着全球化的快速发展，客户对于交货的速度要求越来越高，当时对于交货速度的要求是“955”速度（下单后 5 天内须将 95% 的产品送达到用户），2000 年提高到“973”速度（下单后 3 天内须将 97% 的产品送达到用户），2002 年又进一步提高到“982”速度（下单后两天

① 张国华、张二震：《改革开放的昆山之路》，人民出版社，2008 年，第 144 页。
② 张国华、张二震：《改革开放的昆山之路》，人民出版社，2008 年，第 133 页。

内须将98%的产品送达到用户），直至目前的“1002”速度（下单后两天内须将100%的产品送达到用户）。这种要求对于当时在昆山设厂的台资企业来说实在难以做到，因为昆山行政级别低，在关区上属于江苏省，因此出入海关必须先经南京再到上海，要耗费许多时间和行政成本，无法适应IT产业“快进快出”的需要。笔记本电脑要求交货的速度经历了“955－973－982－1002”的过程，交货速度越来越快，硬是逼出了一个出口加工区。

可以说，昆山出口加工区和昆山众多来自楠梓加工出口区和新竹科学园区的厂商有着重要的关系。在出口加工区的创建过程中，昆山台协会发挥了举足轻重的作用，昆山市政府以台协会为中介，与台湾各界建立了更为密切的交流，在制度上安排了许多与台资企业沟通与合作的机制。

3. 昆山台协会推动出口加工区的进一步发展

2006年12月26日，国务院批准江苏昆山出口加工区拓展保税物流功能及开展研发、检测、维修业务试点。2007年，出口加工区还成功获批在“生产功能”的基础上叠加“贸易功能”和“物流功能”，将原有的制造基地，扩展到生产型服务业基地，极大地扩展了出口加工区的发展前景。自2007年1月开展保税物流等功能试点以来，已建成保税物流园一期3.8万平方米保税仓库和4万平方米物流场站，并已经全部投入使用，目前二期11万平方米保税仓库已竣工并已投入使用，三期由5家物流企业自建的17万平方米保税仓库部分已投入使用，全部建成后将拥有32万平方米保税仓库和2万平方米展示馆。2010年累计引进售后服务机构24家，实现业务收入15.9亿美元；引进研发机构12家；引进维修机构8家，实现业务收入4.9亿美元。出口加工区进一步发展，引入一批电子信息产业、光电产业、精密机械高科技企业入驻，特别是以龙腾光电项目为核心的新型光电产业链的形成标志着昆山产业转型升级的重大突破①。

目前，江苏昆山综合保税区已引进入区注册项目138家，引进项目总投资22亿美元，注册资本10.8亿美元，实际利用外资9.4亿美元。已投产企业112个，其中工业企业86个，物流企业18个，贸易企业8个，从业人员近12万人。2010年，实现进出口总额534亿美元，同比增长27.8%，其中出口371亿美元，同比增长25%，进口163亿美元，同比增长34.7%；实现工业总产值2881亿元，同比增长29%；实现税收25.4亿元，同比增长52.8%。2010年，实现保税物流金额660亿美元，同比增长53.8%，其中保税入库金额308亿美元，同比增长48%。

昆山自主设计并创造了出口加工区模式，实现“境内关外”“一次报关、一次审单、一次检验”，这不仅是海关通关制度的一次重大突破，也是开发区开发模式的创新。可见，为了适应新的形势，就必须适时设计出新的制度来代替旧的制度，才能使制度更加完善，更具生命力。

昆山台协会参与昆山市政府治理还有许多例证。例如，昆山出口加工区内有一条“楠梓路”，一条“新竹路”，这都是开发区管委会根据台商要求命名的。沿用了台湾岛内的路名，是因为前来昆山投资的台湾“六大”笔记本电脑制造商全部集中于此。再

① 资料来源：昆山台办提供出口加工区统计资料。

如，台商建议在出口加工区东侧增设码头，以利于企业建筑材料的进出；还有的企业要求在自己工厂区域内建造员工宿舍，以便企业统一管理等等。为了尊重台商这些习惯性需求，只要不违反大原则，开发区管委会都会给予满足。台商和政府之间密切而良性的互动一旦形成制度，达到机制化，台商就不仅真实感受到“主人翁”的地位，而且也会自然而然地对当地经济发展起到推动作用。

昆山出口加工区从谋划到筹建直到建成并发挥作用的全过程表明，只有创新才有发展，机制和制度创新是推动两岸经济关系发展的强大动力，而只有企业敢于争取，政府敢于负责，政企建立起良好的互动关系和相互信任，创新机制才能获得成功的机会。

由昆山台协会参与制度创新的案例可以得出两方面启示：一是昆山市政府对昆山台协会的高度授权，使得台协会会长充分发挥主动性，实现“以台引台”的招商策略。例如，曾任会长的戚道阜先生在任期间，接待来访的台湾工商团体和台资企业，都是实行“台协会签单，政府买单”，因为，昆山市政府深信台协会会长介绍来的客户一定都是对促进昆山经济发展有利的①。二是昆山市政府充分注重打造“软实力”，确定了“小政府”的定位，并提出“知商、亲商、富商、安商”的理念，而且说到做到，从来不说“问题不大”这样模棱两可的话。

（三）昆山台协会参与行政管理制度创新

为了配合经济制度创新，昆山市把创新的内容扩展到行政管

① 原会长戚道阜先生的访谈记录。

理层面。行政管理制度创新的核心就是建立服务型政府，以提高政府效率和服务质量为原则，充分体现以人为本的精神。

（1）创办第一家县级市台资企业协会

按照规定，成立台资企业协会必须具备“必要性”和“可操作性”。一是当地的台资企业要达到一定的数量才有相当的代表性，约为100家左右，即“必要性”。二是一般来讲，地级市政府在所辖范围内具有问题的共同性，具备较好解决问题的能力，故从可操作性角度看是合适的，具有“可操作性”。事实上，当时上海、天津、海南等地突破“地级市”的规定，成立了台资企业协会，这是因地制宜、灵活处理的结果。

1997年，昆山有台资企业400多家①，数量在苏州市下辖的六县（市）范围内远超过上海、天津、海南的台资企业数量，完全满足成立台资企业协会的“必要性”和“可操作性”要求，昆山市在江苏省和苏州市的支持下开始申请成立县级市台协会。1998年，经国台办批准，昆山成立了大陆首家县级市台资企业协会，这是一项重大的制度创新，至今在昆山发展历程中还是浓墨重彩的一笔。自此以后，它为政府的行政管理制度创新提供了重要的动力。

（2）发挥政府和台资企业间的桥梁纽带作用，逐步构筑了台商参与制度创新的社会基础。

昆山台协会收集整理企业反映的各类问题，及时与昆山市政府及相关部门进行沟通，同时对这些问题进行跟踪，敦促有关部

① 向昆山台办了解到，缺少1996年和1997年台资企业数的统计数据，根据1994年283家、1995年335家和1998年629家推算得，1997年台资企业数约为400多家。

门及时解决。对一些政策上不允许或在短期内暂难解决的问题，也会及时反馈信息，做好解释工作。例如，电力供应紧张时，昆山台协会积极向会员宣导，使其能安心生产，科学组织，节约用电，支持错峰限电。同时，昆山台协会建议昆山市政府对自购的发电机给予补贴，对某些特殊工艺骤然停电将影响其生产的金属、建材、原料等行业先行通知再拉闸限电，避免造成人员伤亡和财产损失。

座谈和联谊活动已经成为台商与政府之间联络的一种制度化机制，昆山台协会定期组织台商与昆山海关、商检、国税、地税、工商、质检、公安、人社、环保、教育、安监、建设、交通、供电等部门互动联谊，各个单位每年两次座谈，通过协会向会员宣传政府的各项政策，并以这种民主的座谈形式，为台资企业及时和有效地解决了经营中遇到的问题。例如，在电费缴纳问题上，企业一般需要预缴电费（每月三次）后用电，供电公司要求企业提交一定数量的资金担保才能实现后付费，这就占用了企业的一部分流动资金。为了解决这个问题，协会组织会员与供电公司进行座谈，就电费缴纳方式进行协商，最终达成重要共识：由协会担保，供电所、协会和企业三方签订合同，企业承诺按时缴纳电费，供电公司就可以为该企业变更收费方式，由预缴电费改为后付费。据了解，截至2010年底，昆山台协会已为近200家台资企业办理了此项协议，为企业节省了大量流动资金。

（3）积极向政府争取，帮助台商解决生活问题

台商在大陆投资除了面临经营及投资问题（如税务、海关、法律、银行融资）之外，还有生活上的医疗保健、子女就学等问

题，甚至酒后驾车、打架肇事等法律问题。面对这些问题，单个台商无能为力，只能依靠集体的力量。昆山台协会通过台办和顾问协助解决，会同相关单位合作，解决台商面临的共同问题。

在医疗保健方面，所有台商都有昆山市政府专门发放的医疗绿卡，而且每家医院都为台胞设有专门的服务窗口和绿色通道。除此之外，2010年开始，昆山管委会还为有突出贡献的台商发放医疗卡①，费用由政府补贴。这些举措为台胞在昆山的医疗保健提供了必要的保障。

在子女教育方面，昆山台协会首先积极筹办昆山台商子女学校②，然后又与政府沟通帮助台商子女就读本地学校。由于台商在大陆长期投资，难以兼顾家庭，经常面临子女入学问题，昆山台协会协助成立了台商子弟学校，这也是台协在政府不能顾及的范围之内对台商所提供的最佳服务。随着昆山台胞的不断增加，在昆山长期居住和工作的台胞已有10万余人，台商子弟学校容量有限，且价格较高，不能完全解决在昆台商子女上学的实际问题。就此问题，昆山台协会给所有会员下发了《关于调查收集会员子女就学转学资料的通知》，收集整理汇总后与教育局协商，按照台商的意愿安排其子女就读理想中的本地学校。经过与教育局协调，昆山市教育局制订工作方案，由协会发出台商子女就学转学调查函，凡有意愿就读昆山本地学校，均由协会统一登记造册，报请

---

① 类似大陆居民的医保卡，发放医疗卡范围主要包括园区内的企业主和大企业的高管（不包括一般台干）。

② 目前大陆已有四家台商子女学校，分别是东莞台商子女学校、昆山台商子女学校、上海台商子女学校和苏州高新区台商子女学校。

昆山市教育局后按照沟通协商、尊重意愿和就近的原则，统一安排就学，每年 300 个入学名额。协会举办台商子女入学座谈会，市教育局有关负责同志出席，就台商子女入学等问题听取广大台商的意见和建议。2010 年，昆山台协会统一安排了 315 名台生在昆山本地学校就读。

组织、帮助台湾驾照更换大陆驾照考试也是昆山台协会的一个创新之举，为台商便利出行提供了保障。为方便持台湾驾照的台商及时换领大陆驾照，昆山台协会联合昆山市安全教育学校专门邀请苏州安教中心警官来昆山设临时考点，为会员进行更换驾驶证考试，帮助他们快速方便地更换到大陆驾照。台协会组织台商统一考试，昆山本地领证，大大节省了台商的时间，考试次数也由原来的每月一次增加到每周一次。2010 年，在市公安局交巡警大队车管所的大力支持下，协会已为 1398 位台商办理了换证手续，便利高效的服务赢得了在昆台籍人员的广泛赞誉。

昆山台资企业协会的大事记上有过这样的记载，“2000 年 3 月 27 日，协会二届一次理监事会议在长江浮法玻璃有限公司会议室召开，协会名誉会长、昆山市市委书记、市长等亲临会场，会上理监事就提升昆山投资环境问题进行探讨，共提出六个方面 29 条意见，书记、市长表示在一个月内给大家一个答复”，其结果当然是令人满意的。昆山市领导不定期地出席台资企业协会的会员大会，直接听取台商的各种意见，形成了政企互动的良好氛围。昆山的企业互动成为构筑台商参与制度创新的社会基础。

（4）组织各项大型活动

昆山台协会经常组织台商参与政府举办的学术论坛、经贸招商会及各种展会等活动。例如，自 2001 年开始的，由清华大学台湾研究所、科技部海峡两岸科技交流中心、昆山市政府联合举办的一年一度的“两岸产业合作发展论坛（昆山）”（简称“昆山论坛”）就为会员提供了与产、学、研各界交流的好机会。自 2005 年起增加了“昆山市台协”作为“昆山论坛”发起单位。昆山论坛通过汇集两岸专家学者、企业界精英的智慧，为加强昆台产业合作、密切昆台经贸交流开拓思路，提供支持。

除了参与举办这种学术论坛外，昆山台协会还积极组织会员参加各种经贸活动。例如，参与每年一届的“台湾周”活动等重要活动。又如，2010 年 9 月 19 日，昆山台协会在昆山慧聚寺举办了“2010 昆山首届台湾民俗文化嘉年华”开幕式暨妈祖安座典礼活动。自妈祖安座以来，香火旺盛。在弘扬妈祖文化的同时，成就了昆山乃至华东地区在外打拼台商多年的心愿，促进了两岸信俗文化交流。

（5）推介昆山的义务宣传员

昆山台资企业协会先后接待了深圳、东莞、上海、南京、无锡、南通、杭州、宁波、大连等友会领导及会员单位上千人次。协会也组织会员分赴各友会学习和交流，而且，在台资企业协会的联系安排下，昆山和台湾各界有着密切的交流，如工业总会、电电公会等工商团体。昆山先后多次组团赴台考察，全面宣传和推介昆山。同时昆山也邀请岛内的台商团体来昆考察。这些跨界网络活动不仅关系着许多与投资直接或间接的信息交换，更为重要的是，台资企业协会的主动性巩固了联系台商和政府的桥梁。

（四）昆山台协会参与文化交流创新

改革开放所形成的自由环境使公民得以参与政治生活，创造着活生生的民主形式，改善着地方的治理结构①。因此，创新能力强的地区，其民主水平较高，社会自由度也较高。具体到昆山来看，则主要体现在昆山台协会对昆山公益事业的影响和对昆台文化交流创新的参与。

（1）昆山台协会妇慈会的公益行动带动昆山的社会发展

①举办慈善活动

2004 年中秋节大型慈善募捐活动中，昆山台协会发动全体会员积极配合，踊跃参与。除直接捐给市慈善总会和各镇慈善分会的捐款外，协会代收的捐款亦达 18 万余元。在“中秋月，两岸情”中秋晚会上，向公安局捐款，为平安昆山尽一份心力；向孤寡老人、贫困家庭发放慰问金，体现了对弱势群体的殷切关怀。2005 年 9 月 11 日，昆山台协会与信益陶瓷共同举办了台商大型慈善活动——“168 台商万人慈善园游义卖会”。活动以“发扬人道主义精神，弘扬中华民族扶贫济困、出入相助的传统美德，帮助社会弱势群体，促进社会公平和进步”为宗旨，分别以园游会和义卖晚会的形式来组织，以爱心善举为精髓贯穿整个活动。此活动不仅加强了台商台属与本地民众的交流与融合，整合社会力量帮助弱势群体，促进了社会和谐，而且借助爱心的传播和凝聚，提升了昆山台商的向心力、影响力并树立了良好的社会形象。在

① 俞可平：《中国治理变迁 30 年（1978－2008）》，社会科学文献出版社，2008 年版，第 82 页。

会员的踊跃参与和社会各界的关心支持下，总共筹得善款 168 万元人民币，全部捐赠予昆山慈善总会。此次活动不仅在昆山本地取得了震撼性效果，而且经海内外媒体的大力报导，影响扩及华东乃至两岸，昆山台协因而美名远扬。

协会每年向团市委捐赠 3 万元人民币，用于救助贫困家庭优秀学生完成学业。另据有关学校反映，协会许多不愿公开姓名的会员，十分关心昆山贫困学生的学习情况，长期为学校和学生提供物质上的帮助。

②妇慈会积极做公益

2000 年昆山台协会妇慈会成立，200 多位台商太太成为“义工妈妈”，她们带动很多台商和爱心人士加入到关爱贫困学生、孤寡老人的队伍之中。例如，2010 年举办的“2010 昆山首届台湾民俗文化嘉年华”开幕式暨妈祖安座典礼活动之后，妇慈会组织会员在游行队伍后面捡垃圾，引起了一致好评，拉近了台商与昆山当地人的距离，也为构建和谐社会营造了良好的氛围。昆山台协会一位负责人说，妇慈会将两岸血脉亲情拉得更近了，这也让很多台商报答昆山的情感变成了实际行动①。

在这些“义工”的感召下，昆山市民参与公益事业的热情越来越高涨，越来越多的义工们加入到环境保护、文明宣传、关爱儿童、敬老助残等社会公益服务之中，这对于培养市民的参与和奉献精神具有很好的示范效应。

（2）昆山台协会积极参与文化创新

---

① 《大爱无限、情暖昆山：台协妇慈会牵起两岸血脉亲情》，《昆山日报》，2010 年 3 月 31 日。

文化创新主要体现在信仰、理性、价值观等方面，其发展和变化决定了人们的活动是否能够“创新”，表现为人们对创新活动的态度，是制度创新的内在动力。没有文化的经济发展是没有灵魂的，台协会对于昆山的影响不仅限于经济层面，还体现在文化层面。

昆山举全市之力，加快城市化进程，构筑整体环境优势。市区面积从原来的4.25平方公里扩展到30多平方公里，户籍人口超过20万。新建了森林公园、中央公园、城市广场、西山风景区、图书馆、游泳馆、昆曲博物馆、市民活动中心、科博中心、体育中心等一批文体设施和市民休闲场所，融江南水乡特色和现代文明气息为一体，极大地提高了市民的整体素质。昆山先后获得国家卫生城市、国家环保模范城市、国家园林城市、全国优秀旅游城市、全国创建文明城市工作先进城市、全国生态示范区等称号，2010年昆山喜摘“联合国人居奖”桂冠①。可见，昆山正在以其丰富的文化底蕴，创造良好的基础设施和优美的城市生活环境。

随着台商的集聚和扎根，在昆山长期居住和工作的台胞有已10多万人，对台商提供生活服务的相关配套设施和产业也日渐完善，满街可见永和豆浆、台南小吃、台式风格的咖啡馆和茶艺馆以及台湾人偏好的日本料理，台湾文化慢慢影响着这座小城。浓厚的台湾文化吸引着这些在昆山打拼、生活了20多年的台胞们，他们觉得昆山是一个“适合人居”的城市，于是有些台胞举家迁

---

① “联合国人居奖”由联合国人居署于1989年创立，是全球人居领域最高规格、最高威望的奖励。

到昆山，甚至有一家五代都迁入昆山①，准备扎根昆山。

六、小　　结

在昆山发展的早期，制度创新的核心是打造“硬实力”。昆山市政府得到国务院批准设立开发区，从而获得制度创新的优先进入权，而此时的制度创新内容主要是以经济制度创新为主，昆山台协会不断向昆山市政府提出适合台资企业发展的各种“要求”，可以说处于“参政”阶段。

昆山发展的中期，制度创新的核心是在提升“硬实力”的同时增强“软实力”。为了将制度优先进入权所带来的潜在制度收益转化为现实的经济利益，昆山市政府进行了一系列机制创新和环境创新。这一阶段的制度创新内容除了经济制度创新外，还扩展到行政管理制度创新，积极建立服务型政府，以提高政府效率和服务质量为原则，充分体现了“以人为本”“为台商服务”的精神，昆山台协会的积极建言为制度创新作出了贡献，他们扮演着“参政”“议政”的双重角色。

昆山发展的当前阶段，制度创新的核心是昆山市政府和昆山台协会共同治理公共事务。昆山市政府在争取制度优先进入权和进行一系列机制创新、环境创新之外，积极与昆山台协会进行良

---

① 根据与现任会长孙德聪先生的访谈记录整理而成。据孙会长说，有一位台胞已将祖先牌位带到昆山来，一家五代定居昆山。2010 年，昆山台协会举办“2010 昆山首届台湾民俗文化嘉年华”开幕式暨妈祖安座典礼活动，把台胞心目中的神——“妈祖”请到昆山，说明他们有扎根昆山的强烈意愿。

性互动，主动接受监管，也就形成了跨界治理，从而实现双方的共同利益，其角色从“参政”和“议政”进一步转变为“督政”。可见，昆山台协会直接或间接地参与政府制度创新的过程中，昆山市政府与昆山台协会通过合作建立起了跨界治理的体系，从而推动昆山在经济、社会等各个方面的发展，以此来提升竞争力。

昆山台协会参与政府制度创新模式的成功有其偶然性和必然性。首先，昆山抓住了台资向大陆扩张投资的有利时机，将招商方向转向了台资。昆山的台资企业集聚度很高，这就使得昆山市政府必须重视台资企业协会提出的意见和建议。其次，昆山积极转变政府职能，打造“服务型政府”，信守“知商、亲商、安商、富商”的承诺，大胆进行制度创新，建立适合于台资企业发展的投资环境，并且能够保证政策的制度化和规范化，提出的政策能够具体落实。尽管党委、政府换届，领导班子换人，但都不因领导的更替而失效，能做到政策的连续性。第三，台协会发挥主观能动性，积极与政府配合，主动提出对发展企业和促进经济有益的意见和建议。昆山有一批优秀的企业家，他们认真实干，热心公益事业，具有服务大家、无私奉献的精神，愿意组织起来充当政府和台商联系的桥梁。而在昆山这样一个台商集中的地区，热衷于公益事业的人会越来越多，这为昆山台协会参与政府制度创新创造了有利条件。由此可见，昆山的制度创新不是昆山政府“拍脑袋”想出来的，而是遵循“解放思想、实事求是”的方针，在分析了国际、国内形势和昆山自身投资环境的基础上作出的理性决策。

政府和台资企业协会是跨界治理的两个方面，但政府是主导者，积极主动地解决现实中的各种困难和矛盾，从而形成一系列制度创新。台资企业协会是一个特殊的群体，在台商聚集区内，台资企业协会对当地政府制度创新有不同程度的影响，发挥着不同方面的作用。因此，通过昆山这个典型的案例，我们可以看到处理好台资企业协会与地方政府之间的关系，有利于推动台资企业聚集地区的经济和社会发展。台资协会积极主动地参与政府制度创新，地方政府本着“解放思想、实事求是”的思想，真心实意地为台资企业服务，帮助他们在本地安居乐业，最终形成互利共赢的态势，对于实现社会的“善治”具有一定借鉴意义。

作为昆山制度创新的主要倡导者和主要设计者，昆山市委、市政府主要领导以其综合素质起到了关键作用。正是在他们的示范和带领下，昆山才能冲破思想束缚和制度障碍，在实践中学习，在实践中尝试，不断总结经验和教训，才能审时度势地作出各项科学决策。撤县建市 20 多年来，昆山领导人换了多任，但昆山发展方向始终如一，一任接一任，一站又一站地朝着既定目标前进，这不能不说是昆山科学化的制度安排起到了根本性作用。

附录：

台湾同胞投资企业协会管理暂行办法

第一条　为了保障台湾同胞投资企业协会（以下简称台资企业协会）的合法权益，促进海峡两岸经济交流与合作，规范管理，依据《中华人民共和国台湾同胞投资保护法》和《社会团体登记管理条例》，制定本办法。

第二条　台资企业协会是指以在祖国大陆登记注册的台湾同胞投资企业（以下简称台资企业）为主体，依法自愿组成的社会团体。

第三条　台资企业协会必须遵守国家宪法、法律、法规，不得危害国家的统一、安全和民族团结，不得损害国家利益、社会公共利益及公民合法权益。

第四条　国家依法保护台资企业协会及其会员的合法权益，以及按照章程所进行的合法活动。

第五条　台资企业协会以服务会员、推动海峡两岸经济交流与合作为宗旨。主要业务范围是：

（一）开展会员间的联谊和交流活动；

（二）为会员提供国家有关法律、法规以及经济信息等方面的咨询服务；

（三）沟通会员与当地政府及有关部门的联系，反映会员有关生产经营等方面的意见、建议和要求，维护会员的合法权益；

（四）促进当地与台湾地区之间的经济交流与合作；

（五）举办社会公益活动；

（六）帮助会员解决工作和生活中的有关困难。

第六条　国务院台湾事务办公室和有关地方人民政府台湾事务部门是台资企业协会的业务主管单位。有关地方人民政府台湾事务部门和民政部门负责本行政区域内台资企业协会的业务指导和登记管理工作。

第七条　台资企业协会分单位会员和个人会员，以单位会员为主体。

单位会员是登记注册地台资企业以本企业名义加入的会员。

个人会员是在登记注册地台资企业从业的台湾同胞以本人名义加入的会员，以及台资企业协会注册地为协会服务的有关人员以适当名义加入的会员。

第八条　成立台资企业协会，应当具备下列条件：

（一）台资企业比较集中的地区；

（二）有 50 个以上的发起会员，其中单位会员不得少于 30 个；

（三）有固定的办公地点；

（四）有适应开展业务活动所需要的专职工作人员；

（五）有合法的经费来源；

（六）法律、法规、规章规定的其他条件。

第九条　成立台资企业协会，应当经业务主管单位审查同意，依照有关规定进行登记，并按照程序报国务院台湾事务办公室备案。

第十条　所在地人民政府台湾事务部门履行业务主管单位的职责，为台资企业协会提供服务和帮助。

（一）指导台资企业协会依法开展章程规定的各项活动；

（二）协助台资企业协会联系当地政府及有关部门，安排相关活动；

（三）协助台资企业协会组织有关重要经贸交流活动、重大会务活动；

（四）协助台资企业协会组织有关法律和经济业务等培训；

（五）为台资企业协会举办社会公益活动提供帮助；

（六）为台资企业协会业务活动中遇到的问题，以及会员在生产经营和生活中遇到的困难提供帮助。

（七）提供其他必要的帮助。

第十一条　台资企业协会会长由台商担任。会长、副会长应具备下列条件：

（一）遵守一个中国原则，拥护国家统一，愿意为促进两岸经济交流与合作积极努力；

（二）台商本人投资企业有一定规模，具有一定经济实力；

（三）个人素质较好，在当地台商中有一定威望；

（四）热心协会工作，有较强工作能力；

（五）身体健康，能够坚持正常工作；

（六）未在其他社会团体担任法定代表人；

（七）具有完全民事行为能力。

第十二条　为了便于台资企业协会联系政府有关部门，更好地为会员提供服务，所在地人民政府台湾事务部门相关负责人可接受台资企业协会聘请担任相应职务。受聘人员由台资企业协会按章程规定程序产生，不领取台资企业协会的报酬。

第十三条　台资企业协会聘用一般工作人员，应当按照国家有关规定办理。

第十四条　台资企业协会接待台湾地区重要团组和人士来访，应事先向所在地业务主管单位报备。

台资企业协会举办成立、换届、庆典等重要活动，应报业务主管单位批准。

台资企业协会举办跨地区的活动，应由业务主管单位报上级业务主管单位批准。

第十五条　台资企业协会不得加入外国商会及境外社团组织。

台资企业协会依照章程独立自主开展活动，与其他任何组织没有隶属关系，不得接受任何组织和个人委托从事与章程规定不符的活动。

第十六条　台资企业协会收取会费、接受捐赠和资助必须符合章程规定的宗旨与业务范围，并应当向业务主管单位和登记管理机关报告接受和使用会费、捐赠与资助的有关情况，同时应当将有关情况以适当方式向社会公布。

第十七条　台资企业协会依法开展业务活动做出突出成绩的，业务主管单位和登记管理机关以适当方式予以鼓励和表彰。

第十八条　本办法施行前已经成立的台资企业协会，如与本办法规定不符的，应当自本办法施行之日起六个月内依照本办法有关规定自行修正。

第十九条　本办法没有规定的，依照《社会团体登记管理条例》和国家有关规定执行。

第二十条　本办法由国务院台湾事务办公室负责解释。

第二十一条　本办法自2003年4月20日起施行。

（资料来源：国台办网站）